SANTANDER,
LUGARES COMUNES

vagamundos

Editado por Ediciones Traspiés
www.traspies.com
foto@traspies.com

© de los textos y las ilustraciones Ignacio Alonso
© de la edición Ediciones Traspiés, S. L.

Código IBIC: WTL WTH
ISBN 978-84-128241-2-4
Depósito Legal: GR 1477-2024
Impreso en MasQueLibros

Hacia el futuro

Si llegas a Santander en tren o en autobús y te diriges hacia el pasaje de Peña, el túnel que conecta la plaza de las Estaciones con el centro de la ciudad, te encuentras un bonito bibelot de diez metros de altura. Para verlo hay que levantar los ojos; si no, puede pasar desapercibido. Es una escultura policromada. Representa a una mujer vestida de rojo que mira por un catalejo. A mí me gusta mucho, aunque me parece un poco *kitsch*. Seguramente el *kitsch* solo está en mi mirada.

La escultura se instaló en 2010 y es obra del artista portugués Baltazar Torres. Según el catálogo en línea del Museo de Arte Moderno y Contemporáneo de Santander, Torres quiso identificar y condensar la esencia del lugar donde se erige, la rampa de Sotileza. Esta cuesta sinuosa se construyó a finales del siglo XIX para comunicar los terrenos ganados al mar en el ensanche de Maliaño con la calle Alta y el Cabildo de Arriba, un barrio histórico de pescadores. No mucho tiempo atrás, el agua lamía el muro de contención sobre el que se construyó la rampa. En 1887 el Ayuntamiento le puso el nombre de rampa de Sotileza en homenaje a la famosa novela de José María de Pereda y a su protagonista. Para el ilustre santanderino Marcelino Menéndez Pelayo, que nació en la calle Alta, la novela era la epopeya de su calle natal y, por extensión, la epopeya marítima de Santander. Hoy pueden leerse, incrustados en el muro, 611 metros lineales y 221 metros cuadrados de fragmentos de *Sotileza* en composite de aluminio recortado, obra de la artista santanderina Concha García. Parece que, efectivamente, la mujer del catalejo se alza sobre su pedestal en un lugar impregnado de esencia casi hasta la saturación.

Aunque a mí esta mujer no me invita a rememorar esencias marineras. Desde la primera vez que la vi, su corte de pelo *à la garçonne* y lo que se me antoja un vestido de playa me hacen pensar en otra época y otra esencia de la ciudad: la edad dorada de los veraneos en Santander, las primeras décadas del siglo XX. Claro que yo no soy santanderino. Fui, durante muchos años, veraneante

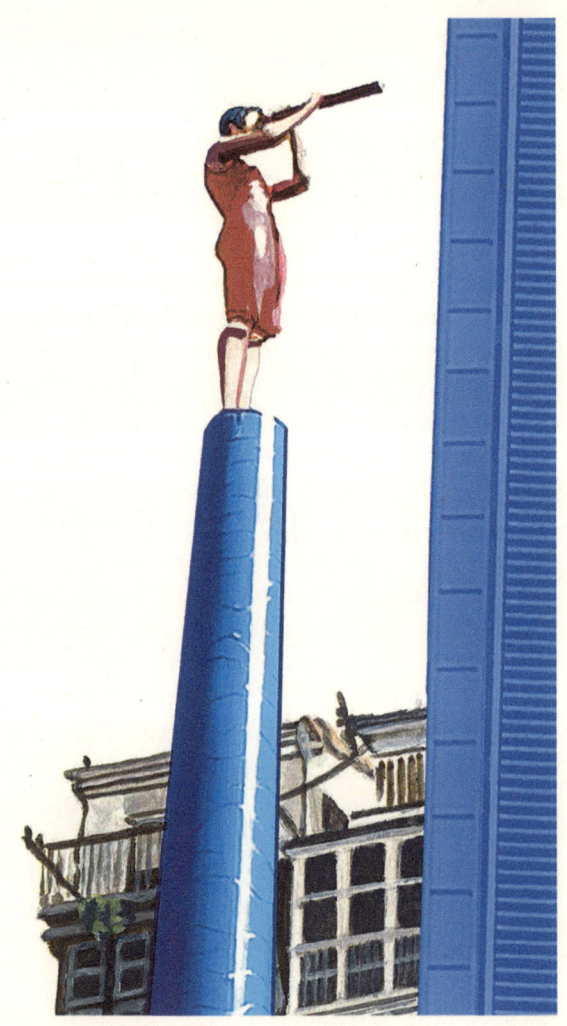

en Santander. Luego me convertí en visitante ocasional, es decir, turista. Viví el cambio de orientación de la ciudad, o más bien de cierta parte de ella –la sinécdoque, tomar la parte por el todo, es un recurso habitual, no exclusivamente retórico, en todo lo que se refiere a Santander–, que pasó de enclave veraniego a destino del turismo de masas, aunque aquí las masas nunca hayan sido tan nutridas como en otras zonas. La duración de la estancia no fue lo único que cambió en ese proceso.

Vuelvo a la escultura. Un día, al pasar junto a ella, le pregunté a un amigo: «¿Hacia dónde mira?» «Hacia la casa de enfrente, que le tapa la vista», me respondió con ese peculiar humor santanderino basado sobre todo en el escepticismo. Será mejor respetar la intención del artista y convenir en que la pescadora –porque es pescadora y no veraneante– mira hacia mar abierto, a la espera de los que han de volver de la pesca. Si no hubiera edificios de por medio contemplaría, en línea con la boca de la bahía, el frente marítimo de la ciudad. Y como la escultura tiene un nombre, *Hacia el futuro*, podemos pensar que también divisaría el porvenir hacia el que se encamina Santander, o al menos su frente marítimo: una hilera de museos. Es posible que en un futuro aún más lejano otro artista levante allí, junto a los muelles consagrados en su día al comercio de ultramar, la escultura de una mujer que contempla una pieza de museo. Podrá decir que ha condensado la esencia del lugar.

En realidad, no estoy seguro de que los lugares posean esencia. La esencia es lo que constituye la naturaleza de las cosas, lo que estas tienen de permanente e invariable, y un lugar poco tiene de invariable y permanente, salvo sus coordenadas. Los lugares se transforman; las ciudades, que son un conjunto de lugares, cambian de trazado, de extensión, de vocación (de villa de pescadores a ciudad de comerciantes; de laborioso emporio mercantil a enclave de ocio veraniego). También se altera la topografía física y emocional de los lugares que la ciudad contiene: se asfaltan o se ajardinan, se desmontan o se rellenan, se esconden o se realzan, se olvidan o se borran. Santander sabe mucho de eso.

Estoy mezclando indebidamente la metafísica con la topografía, cuando la expresión «condensar la esencia» –lo que se ha pretendido en la rampa de Sotileza– remite más bien a la química. En química, esencia es el extracto concentrado de un aroma: un perfume. Y el perfume es todo menos permanente. Es, esencialmente, volátil. Tan volátil que hace mucho tiempo que allí no huele a pescado ni a mar. Los aromas se disipan y solo podemos evocarlos con la memoria. Fue precisamente la conciencia de que aquellos aromas habían desaparecido o estaban a punto de desaparecer lo que incitó a Pereda a condensarlos y a guardar su esencia entre las páginas de *Sotileza*. Pero esos aromas ya no están en el lugar. El lugar no conserva su esencia.

Lugares comunes

La rampa de Sotileza es un lugar común. Lo es en dos sentidos: en el de espacio físico compartido, perteneciente al mismo tiempo a todos y a nadie, y en el de representación mental, imagen o idea que forma parte de un repertorio también compartido.

En esta segunda acepción, equivalente a la de estereotipo, los lugares comunes no gozan de buena prensa. Se los considera expresiones banales, demasiado frecuentadas y, por lo tanto, desgastadas por el uso. Sin embargo, es innegable que desempeñan funciones importantes para la comunicación y la cohesión de un grupo. «Solo nos entendemos gracias a los lugares comunes», escribió André Gide. «Sin terreno banal, la sociedad no es posible». Para Sartre, los lugares comunes «acaban siendo lugar de encuentro de la comunidad. Cada uno se encuentra y encuentra a los demás allí».

Los lugares comunes nunca son inocentes. Se «fabrican» y se ponen en circulación con una intención determinada, desde simular una comunidad artificial donde solo hay intereses contrapuestos a promocionar una ciudad como destino turístico. Por supuesto, tienen usos aún más nocivos. En cualquier caso, son algo que nos viene dado. No estamos obligados a frecuentarlos; podemos empeñarnos en refutarlos, en desvelar la intención que encubren y en desenmascarar a sus promotores. En ese caso, de buen grado o a la fuerza, tendremos que abandonar el lugar común (eso no implicará necesariamente que nos quedemos solos; la disidencia también es un lugar bastante frecuentado). Pues, a pesar de que los lugares comunes se presentan y son aceptados como verdades irrebatibles, en el fondo la verdad no les concierne. Por eso, el esfuerzo de desmentirlos por lo general sólo sirve para confirmarlos. Así que lo mejor será recurrir a ellos como punto de partida. Nada más útil que un lugar común para empezar una conversación.

El repertorio de lugares comunes relativos a Santander es muy extenso. He anotado unos cuantos. Algunos han sido acuñados por «los de fuera», pero la mayoría los han generado santanderinos. Buena parte de ellos son atribuibles a un individuo concreto, un escritor, una historiadora, un urbanista. Por supuesto, en el momento en que se formularon no eran lugares comunes; si los incluyo en esta categoría es porque al divulgarse han entrado a formar parte de un repertorio común, compartido por muchos, aunque solo sea como tema de discusión.

Existe un lugar común acerca de la singularidad geográfica de Santander. Es la única ciudad del norte orientada al sur. De esta singularidad, afirma el lugar común, se derivan ciertas cualidades idiosincrásicas: una luz muy particular, el extraordinario influjo que el viento sur ejerce sobre el carácter de los santanderinos… Álvaro Pombo ha escrito que en cierto momento, «debido en parte a su especialísima ubicación geográfica», Santander llegó a percibirse como si fuese «más una isla que una parte de la Península Ibérica». El escritor alude más bien a un estado de ánimo, pero durante las guerras carlistas un alcalde tuvo la idea de insularizar efectivamente la ciudad mediante la construcción de un canal que la aislara del resto del territorio. El proyecto no se llevó a cabo, pero podemos elevar la anécdota a categoría y considerarla una muestra de la conciencia –ciertamente un poco huraña– que en Santander siempre se ha tenido de su singularidad.

La ciudad no necesita recurrir a fosos o canales para preservar esa singularidad: está amurallada por el viento y las lluvias (Jesús Aguirre), cerrada sobre sí misma como una perla en su concha (Dionisio Ridruejo) y al mismo tiempo siempre abierta a los aires de fuera (José del Río). Celosa de su singularidad, pero en constante búsqueda de referentes en otra parte, a veces desde el humorismo: la Atenas del Norte (distinción que comparte con Vitoria y Avilés), la Sidón Ibera, la Liverpool de España (José Simón Cabarga). Hoy encuentra esos referentes más cerca, en el Bilbao del Guggenheim y en Málaga, «la ciudad de los museos».

Santander es una ciudad portuaria que en cierto momento le volvió la espalda a su puerto. Es la ciudad que resurgió dos veces de sus cenizas (las de la explosión del vapor *Cabo Machichaco* en 1893 y las del devastador incendio de 1941). Fue la ciudad del veraneo elegante, culto y cosmopolita. Activa y dinámica en otros tiempos, más tarde se volvió conformista, ensimismada y contemplativa. De liberal pasó a republicana y luego a conservadora, muy conservadora, extremadamente conservadora. Es una ciudad a la vez moderna y tradicionalista, elitista y pejina, distinguida y raquera, clasista y

aspiracional. Una ciudad agresivamente ocupada por su propia burguesía (Jesús Pardo) y pionera de la gentrificación. Una ciudad escenográfica que disimula su tramoya, un escaparate que oculta su trastienda, un paseo longitudinal que esconde su espesor y su densidad, la ciudad transversal y pindia que por lo común no se visita. Una ciudad siempre hermosa y arreglada, asomada a la bahía más bella del mundo.

El inventario es bastante heterogéneo: en él se entremezclan la estética y la climatología, el urbanismo, la historia y la sociología (la opinión común es un gran polímata; ninguna disciplina le es ajena). Acerca de Santander, contemplada desde fuera o desde dentro, coexisten simultáneamente y a lo largo del tiempo percepciones diversas y hasta contradictorias. Que sean más o menos acertadas no debería importarnos, pues se trata de lugares comunes y, como ya hemos visto, la verdad no les atañe. En cualquier caso, ya se trate de juicios fundamentados o de meras opiniones más o menos compartidas, todos los lugares comunes aquí recogidos nos dicen algo acerca de Santander. De ese modo cumplen su función: han iniciado la conversación.

Atmósferas y derivas

La única esencia de la rampa de Sotileza, lo que constituye su naturaleza, es servir como lugar de paso. Conecta dos zonas de la ciudad: por encima de la escultura, la calle Alta; por debajo, los terrenos ganados al mar en lo que se denominó ensanche de Maliaño. Ambas zonas tienen algo que las caracteriza: una atmósfera determinada. Podemos considerar la rampa de Sotileza como un pasaje entre dos atmósferas urbanas.

Algunos geógrafos y urbanistas recurren al concepto «atmósfera urbana» para lograr una comprensión más rica de la ciudad, de las diversas formas de concebirla, de habitarla o de experimentarla. Otros prefieren hablar de «ambientes urbanos». Aunque no sean exactamente sinónimos, ambos conceptos remiten a una misma manera de mirar la ciudad que se fija en las vivencias, experiencias y percepciones colectivas; en lo ordinario, lo banal, lo cotidiano de la vida urbana. Es una mirada atenta a los lugares comunes.

La atmósfera que envuelve una ciudad, los diversos ambientes que se instauran en ella no son tan volátiles como su pretendida esencia. Son quizá algo más vago, más difícil de definir, pero, a diferencia de la esencia, se prestan mucho menos a tergiversaciones o a mixtificaciones identitarias. Atmósfera y ambientes están anclados en la realidad, derivan de ella, de las calles y los edificios de la ciudad, de las acciones y trayectos cotidianos de quienes habitan y transitan por ella, de las diferentes formas de sociabilidad y de la tensión más o menos latente entre un sentimiento quizá ilusorio de conciudadanía y la evidencia palmaria de la desigualdad.

Las atmósferas y los ambientes urbanos conforman nuestra manera de vivir o visitar la ciudad en la misma medida en que nosotros, habitantes o meros visitantes, contribuimos a darles forma. Nos aportan tanto como nosotros estemos dispuestos a aportarles.

La esencia de una ciudad puede evocarse abriendo las páginas de un libro, pero su atmósfera y sus ambientes solo se captan –se sienten– caminando por sus calles, acudiendo a sus lugares comunes, a sus espacios compartidos, y frecuentando esos otros lugares comunes que la conciernen, las ideas e imágenes sustentadas por la opinión común.

Entre las diversas maneras de recorrer la ciudad hay una especialmente propicia para captar su atmósfera, pues fue ideada precisamente con ese fin. Consiste en recorrerla a la deriva, en el sentido que el movimiento situacionista dio a la palabra «deriva» hacia 1950. Su líder, Guy Debord, la definió como una «técnica de paso ininterrumpido a través de ambientes diversos».

Debord y sus compañeros acuñaron el concepto de «unidad de ambiente» para referirse a un área de la ciudad con determinadas cualidades que le confieren una atmósfera peculiar, reconocible por la emoción que suscita y por la atracción o repulsión que ejerce sobre las personas.

La deriva consiste en recorrer la ciudad en busca de esas unidades de ambiente. No es un mero deambular sin dirección. Ir a la deriva no significa caminar al azar –aunque este desempeñe su papel, sobre todo por los encuentros que puede propiciar– sino dejarse atraer, o repeler, por los diversos ambientes urbanos. No es una actividad pasiva, ni tampoco una práctica puramente estética: es un caminar activo, un método para «leer la ciudad de otra manera» (Yvan Chasson).

El situacionismo fue un movimiento de vanguardia con una profunda dimensión política. Aspiraba a transformar la sociedad. Recurrir a una de sus herramientas fundamentales con un objetivo mucho menos ambicioso supone probablemente incurrir en lo que el filósofo Alberto Santamaría ha denominado «situacionismo *low cost*». Pero no creo que usar la deriva para leer la ciudad de otra manera equivalga a una tergiversación ilegítima ni a una apropiación indebida. De hecho, antes de concentrarse en teorizar acerca de un nuevo urbanismo para una nueva sociedad, Debord y sus compañeros practicaron la deriva como una forma diferente de percibir y conocer la ciudad. Uno de ellos, Jacques Fillon, llegó al extremo de fantasear con la idea de crear una agencia de circuitos turísticos urbanos alternativos.

Por otra parte, caminar a la deriva por Santander y cartografiar sus unidades de ambiente supone necesariamente constatar las desigualdades que fracturan la ciudad. Sería ingenuo, estúpido o incluso perverso plantearse que nuestros pasos o nuestras palabras puedan contribuir a cerrar esas brechas, a «coser las fracturas sociales» –una pretensión de ciertas prácticas artísticas y culturales que

Alberto Santamaría ridiculiza implacablemente–. Pero si incluimos en nuestra deriva lo que suele quedar fuera del recorrido quizá consigamos ensanchar, siquiera mínimamente, el lugar común.

La ciudad ganada al mar

Los terrenos que se extienden al pie de la rampa de Sotileza no son los únicos que la ciudad ha ganado al mar (en otro tiempo solía escribirse «robado», como si se tuviera conciencia de haber cometido un hecho reprobable o, al menos, de haber contraído una deuda). El frente marítimo de Santander, y buena parte de lo que tiene a su espalda, es un enorme pantalán que se construyó rellenando lo que antes era bahía. «Santander, como Venecia, es un pueblo edificado sobre las aguas», escribió el periodista y poeta santanderino José del Río. «Todo el ensanche de Santander se hizo a costa del mar; sus zonas más ricas, que son las zonas llanas, son tierras de relleno». Consciente de lo que la ciudad le debía, Del Río sugirió que celebrara una vez al año sus esponsales con el mar, como Venecia.

Hacia mediados del siglo XVIII Santander empezó a convertirse en un importante puerto comercial, gracias sobre todo a la liberalización de los intercambios con América, hasta entonces monopolizados por Cádiz. No solo fue preciso mejorar y ampliar las instalaciones portuarias: a la pujante burguesía mercantil y naviera el estrecho marco de la antigua villa amurallada se le quedaba pequeño. Necesitaba espacio para expandirse y lo encontró en la bahía. Sucesivos proyectos de prolongación del puerto llevaron aparejada la extensión de la ciudad hacia el este. La dársena se dragó para permitir el acceso de naves de mayor calado. Con los materiales extraídos se rellenaron las playas y marismas que se extendían detrás de la nueva escollera. En este proceso se fueron urbanizando lo que hoy son el paseo de Pereda, los barrios de Cañadío y Peñaherbosa y, más al este, la calle Castelar.

Toda ciudad tiene al menos un edificio que la singulariza –y si no lo tiene, se lo encarga a un arquitecto singular–, un monumento que le sirve de emblema, de imagen representativa. ¿Qué monumento cumple esa función en Santander? Quizá algunos puedan pensar que la catedral. Es, ciertamente, un edificio singular. Se levanta sobre lo poco que queda del emplazamiento originario de

la antigua villa, el cerro de Somorrostro. Su mayor singularidad estriba en constar de dos templos superpuestos. Pero el Santander más conocido y reconocible poco o nada tienen que ver con la catedral, así que el valor de esta como emblema sería muy relativo.

Habrá quien señale el palacio de la Magdalena, y otros, con algo de voluntarismo, nombrarán el Centro Botín. Los dos edificios son, efectivamente, representativos. Pero lo que representan no es tanto la ciudad como lo que en cierto momento se quiso o ahora se quiere hacer de ella. Ambos constituyen declaraciones programáticas. También son reclamos. Nos los encontraremos más adelante.

Durante mucho tiempo el emblema de la ciudad no fue un palacio ni tampoco un templo religioso o cultural, sino un conjunto de edificios civiles conocido en su día como las Casas del Muelle. Hoy conforma el marco arquitectónico del Paseo de Pereda. Se extiende sobre terreno ganado al mar en una hilera de catorce manzanas desde donde en otro tiempo estuvo la Real Aduana (hoy se levanta allí la Delegación de Hacienda) hasta Puertochico. El lugar preferente que estas casas ocuparon en cuadros, grabados y más tarde fotografías atestigua su carácter emblemático durante más de cien años.

Las Casas del Muelle empezaron a construirse en el marco de los primeros proyectos de ampliación del puerto y la ciudad. Sus características neoclásicas –racionalidad, orden, simetría, austeridad– llamaron muy pronto la atención de los viajeros ilustrados. Cuando Jovellanos visitó Santander en 1791 –por entonces ya se habían edificado cinco casas– se fijó en que todas eran iguales y le pareció que daban un magnífico aspecto a la población.

A pesar de que las casas se construyeron en etapas a lo largo de un siglo, integran un conjunto uniforme. Si se contemplan en perspectiva no se advierten diferencias significativas. La alineación, las alturas, los materiales y el color favorecen la percepción de un todo homogéneo. Las casas de las cinco primeras manzanas tenían originariamente tres pisos. Las siguientes se construyeron con cuatro. Más tarde, con la adición de un cuarto piso, las primeras se igualaron en altura. Las dos últimas manzanas son considerablemente más largas.

Las primeras casas marcaron un tono de austeridad y sencillez que continuó con pocas variaciones en el segundo tramo. Éste empezó a edificarse en 1821 en el marco de un nuevo proyecto de mejora de las instalaciones portuarias. Los proyectos anteriores habían sido una iniciativa pública, impulsada por la monarquía. El de Guillermo Calderón fue en cambio una iniciativa privada apoyada por unas instituciones locales cada vez más identificadas con los intereses de la burguesía mercantil. Las obras de los muelles se ejecutaron a cambio de la propiedad de los terrenos rellenados. Unos terrenos que quizá no se robaran al mar, pero sí fueron objeto de una apropiación muy lucrativa.

Los principales armadores y comerciantes de Santander se establecieron en estas casas. Muchos eran de origen foráneo: vasco, francés y sobre todo castellano. En la Edad Media y en los siglos posteriores Santander había sido puerto de salida de la lana y el grano de Castilla. A mediados del siglo XIX, exportaba fundamentalmente sus harinas.

Las Casas del Muelle eran al mismo tiempo residencia y lugar de trabajo. La planta baja se destinaba a almacén. En la primera planta o en el entresuelo se instalaron los famosos escritorios de Santander, los despachos y corredurías de navieros y comerciantes. La segunda planta se destinaba a vivienda de alquiler. En la última solía residir el propietario. El periodista José del Río rememoraba en 1934 la atmósfera de los escritorios del Muelle. En ellos coincidían «los capitanes de los bergantines harineros que acababan de rendir su viaje y los administradores de las fincas vallisoletanas y palentinas, que iban a entregar la liquidación de la última cosecha. En esos escritorios olía a campo y a ultramar». En aquel tiempo el borde de la dársena «estaba tan cerca de la estrecha acera del Muelle, que parecía que las vergas de los bergantines iban a meterse en los miradores de las casas de enfrente». Los almacenes estaban prácticamente a la orilla del mar, «que en días de Sur penetraba en ellas, causando no pocos desperfectos y pérdidas».

En sus evocaciones históricas, José del Río —un conservador moderado y, fundamentalmente, un liberal— ensalza a menudo la mentalidad cosmopolita y liberal de la burguesía del Muelle. «Se había educado en gran parte en colegios de Inglaterra y Francia [...] y había traído a la vida mercantil y social del pueblo los hábitos del liberalismo naciente. Por eso, desde la Francesada hasta la Restauración, es decir, durante un siglo casi completo, Santander fue un baluarte liberal que, en el norte de España, contrarrestaba victoriosamente la influencia absolutista y retardataria de otras provincias próximas. Y este espíritu lo infundían los señores comerciantes del Muelle». Unos señores que iban a batirse contra los carlistas con sombrero de copa y guantes. Lo cierto es que el liberalismo de aquella burguesía era bastante relativo y más bien «instrumental», como lo ha calificado el historiador Manuel Suárez Cortina. La libertad por la que se batía era estrictamente económica.

La mayor parte de la harina que salía del muelle de Santander iba destinada a alimentar a los esclavos de las plantaciones de Cuba. Los barcos traían como mercancía de retorno azúcar, tabaco y café que luego se reenviaban a los mercados españoles o europeos. La prosperidad de la ciudad que José Simón Cabarga denominó Sidón Ibera se cimentaba en gran medida en el sistema implantado en las plantaciones cubanas. No resulta extraño que en 1842 la Diputación de Santander dirigiera un escrito al regente Espartero para denunciar las campañas abolicionistas impulsadas por Inglaterra. Era preciso que el «tráfico de negros» continuara, entre otras razones, «por humanidad». «La libertad», afirmaba la Diputación en el escrito, en una creativa equiparación entre la esclavitud y las obras de misericordia, «es un funesto presente para el negro, que al obtenerla pierde el derecho a ser alimentado, vestido y asistido en sus dolencias».

Probablemente, para quienes construyeron, habitaron y dirigieron sus prósperos negocios desde las Casas del Muelle la esclavitud fuera un lugar común, una trivialidad, algo que les venía dado. Aceptaremos ese lugar común que sostiene que no se puede juzgar el pasado con los criterios del presente. Pero al admirar el orden, la racionalidad y la belleza innegable de las casas del Muelle no estará de más recordar una frase de Walter Benjamin que también se ha convertido en lugar común: «Todo monumento de cultura es al mismo tiempo un monumento de barbarie».

José del Río explica que la burguesía del Muelle se fue aristocratizando a partir de unos orígenes más populares. «Cuando se produce la Revolución de septiembre del 68, ya los linajes mercantiles santanderinos han adquirido su consistencia histórica. Ya figuran en las actas de ayuntamientos, juntas de sociedades y censos de primeros contribuyentes los veinte o treinta apellidos que siguen constituyendo toda la "aristocracia del Muelle"». A partir de ese momento, el liberalismo de aquella burguesía empezó a chocar con las reivindicaciones democráticas de las clases populares. En esa confrontación, los liberales se fueron volviendo cada vez más conservadores.

La burguesía del Muelle se caracterizaba por una marcada endogamia. Los linajes mercantiles santanderinos reforzaban su comunidad de intereses mediante alianzas matrimoniales. Constituían una gran familia que se ocupaba de la ciudad como quien gestiona una empresa familiar.

Las casas de la última manzana empezaron a construirse en 1872, cuatro años después del momento en que José del Río sitúa la consolidación de aquella burguesía aristocratizante. Vistas de cerca, se aprecian importantes diferencias con el resto del conjunto. Estas casas ya no son sencillas ni austeras; son distinguidas. Las distinguen sus cubiertas en mansarda, de estilo francés; sus detalles decorativos, la gran galería acristalada en la fachada oriental de la última casa. Estas últimas casas del Muelle siguen siendo representativas, pero lo que representan ya no es tanto la ciudad como a sus propietarios. Podemos interpretarlas como un gesto de afirmación, como una exhibición del poderío económico y social de la alta burguesía santanderina.

Las Casas del Muelle todavía conocerán alguna obra posterior. El fuego destruyó en 1880 la sexta manzana. Al año siguiente se empezó a levantar un nuevo edificio, que

sirvió de modelo en 1950 para construir una réplica en la manzana anterior. En ambas manzanas, unidas por lo que semeja un arco de triunfo sobre la calle (no he pretendido hacer un juego de palabras), el Banco de Santander estableció su sede central en la ciudad.

A finales del siglo XIX las Casas del Muelle se impregnaron de una nueva atmósfera. Ya no olían a campo y a ultramar. Los muelles comerciales se habían trasladado hacia el suroeste, a Maliaño. Las primitivas dársenas se habían rellenado debido a su escaso calado y a razones de salubridad, y el borde del muelle se había adelantado hacia la bahía, alejándose de las casas. La acera y la calzada se ensancharon. La primera se convirtió en un paseo arbolado, llamado desde 1903 Paseo de Pereda. Dos años después se inauguraron los jardines construidos sobre la dársena rellenada, que también recibieron el nombre del escritor. Para entonces, las Casas del Muelle se habían convertido en el decorado de un paseo eminentemente burgués.

Creo que el actual Paseo de Pereda ha logrado preservar esa atmósfera burguesa. Soy consciente de que esta afirmación puede resultar anacrónica; el término «burgués» ha desaparecido de nuestro vocabulario, reemplazado por la expresión «clase media», ideológicamente más neutra y sociológicamente más amplia. Pese a ello, mantendré la afirmación: la atmósfera del Paseo de Pereda –y también de la calle Castelar, que constituye su prolongación en un sentido no estrictamente longitudinal– es eminentemente burguesa.

Debido a esa atmósfera tan característica, el Paseo de Pereda y la calle Castelar se identifican enseguida, al caminar a la deriva por Santander, como una unidad de ambiente. Ya sabemos que una unidad de ambiente posee una atmósfera peculiar, reconocible por la emoción que suscita. Esa atmósfera brota aquí del decorado arquitectónico y de los gestos y actitudes –la coreografía– de quienes frecuentan este lugar común. Ya no es tanto lugar de paseo, pues este se ha desplazado hacia el borde de la bahía, como de terrazas. Y en las terrazas del Paseo de Pereda y Castelar se impone cierto código de comportamiento, cierta forma de estar e incluso de vestir que tiene mucho que ver con el antiguo concepto burgués del decoro. Aquí no se ven tantos tatuajes como en otras zonas de la ciudad. Cuando las terrazas están llenas, se oye al pasar el rumor de la conversación, pero nunca una voz más alta que otra. Se percibe una atmósfera muy conservadora; quizá precisamente por eso se ha preservado tan bien.

La atmósfera de una unidad de ambiente se reconoce por la atracción o repulsión que ejerce sobre las personas. He podido comprobar que la atmósfera del Paseo de Pereda y Castelar suscita tanta atracción como rechazo. Para algunos, sentarse en sus terrazas, sobre todo en las tardes de verano, es parte de un ritual al que les costaría renunciar. Hay otros a quienes, en cambio, jamás se les ocurriría sentarse aquí. No se sentirían en su ambiente.

El otro muelle

En la segunda mitad del siglo XIX Santander emprendió un nuevo ensanche, esta vez hacia el suroeste. Se ganó al mar la zona de marismas y arenales que se extendía al pie del cerro de Somorrostro, desde la catedral hasta la punta de Maliaño, al fondo de la bahía. Es la zona que ahora domina, desde la rampa de Sotileza, la mujer del catalejo.

El ensanche de Maliaño fue una empresa de enorme magnitud, acometida, como en el viejo muelle, por inversores privados a cambio de la propiedad de los terrenos arrebatados al mar. Estuvo estrechamente ligado a la llegada del ferrocarril. En los nuevos terrenos se tendieron las vías férreas y se construyeron dos estaciones, la del Norte y la de la Costa. Estas infraestructuras ferroviarias se convirtieron en una barrera que hacía muy difícil la conexión con el resto de la ciudad. Para la mayor parte del ensanche, esa conexión solo fue posible, desde 1887, a través de la sinuosa y empinada rampa de Sotileza.

Además de nuevas instalaciones portuarias, muelles, depósitos y almacenes, también se construyeron viviendas. A finales del siglo XIX ya se habían trazado, entre otras calles, las actuales Méndez Núñez y Calderón de la Barca. En su cabecera oriental, mejor conectada con el casco histórico, el ensanche de Maliaño parecía destinado a convertirse en una nueva área de expansión burguesa, hasta tal punto que se planeaba construir allí un nuevo ayuntamiento. Según el cronista de la ciudad José Simón Cabarga, la zona era un alarde urbanístico y un área de recreo para los santanderinos.

Aquella esperanza se frustró el 3 de noviembre de 1893. Ese día se declaró un incendio en el vapor *Cabo Machichaco*, que estaba atracado en el primer muelle de Maliaño. Las llamas alcanzaron la carga de cincuenta toneladas de dinamita que el barco transportaba de manera irregular. Se produjo una terrible explosión que mató a 590 personas –entre ellas, la práctica totalidad de las autoridades locales, que presenciaban las tareas de extinción del fuego–, hirió a más de dos mil y destruyó completamente las calles Méndez Núñez y Calderón de la Barca. Fragmentos del barco lanzados al aire por la explosión ocasionaron víctimas y destrozos a kilómetros de distancia.

José del Río rememora en varios de sus artículos aquel funesto suceso, que presenció, siendo un niño, no exactamente como testigo directo, sino de forma más bien lateral, análoga al modo en que Fabrizio del Dongo presencia la batalla de Waterloo en *La Cartuja de Parma*. La referencia stendhaliana es explícita en una de esas crónicas retrospectivas, publicada en 1934. Por su magistral descripción de atmósferas, me parece el relato más impactante de cuantos he leído acerca de la catástrofe.

En aquel tiempo Del Río vivía en el barrio de La Florida, al otro lado del cerro de Somorrostro, a casi un kilómetro del lugar de la explosión. A diferencia de muchos santanderinos, no había ido al muelle para ver cómo ardía el vapor. Estaba en la calle con otros muchachos del barrio. El periodista recuerda el silencio y la tranquilidad de la tarde. Cerca de las cinco él y sus compañeros notaron cómo el cielo, «de un nítido azul, se cubría de una tinta negra». Antes de que pudieran refugiarse, el suelo se estremeció y los muros de las casas temblaron. Oyeron «un mugido indescriptible, como si algo se rasgara en el aire sobre nuestras cabezas. Y después, instantáneo, vino el estampido seco». Del Río describe el tintineo de metralla de los cristales, tejas y ladrillos que caían a la calle y el «inmenso alarido humano» que brotó instantáneamente, «el clamor unánime y angustioso de todos los vecinos de la calle y del barrio». Y la dantesca aparición, doblando una esquina, de los fugitivos de Maliaño, tiznados de negro, que corrían hacia las calles superiores.

La crónica prosigue con el relato de la angustia que aquella tarde se vivió en su casa hasta que todos los miembros de la familia pudieron reunirse, y de la espantosa noche que pasaron en vela, viendo sobre los tejados de la calle Alta el resplandor del incendio provocado por la explosión y escuchando el rodar de los carros que trasladaban al hospital las «piltrafas horribles recogidas a pala en el gran matadero de Maliaño».

En mi familia materna sí hubo un testigo directo de aquella tragedia, aunque no pudo dejar un testimonio escrito. Era una prima de mi bisabuela. Aquella tarde había acudido al muelle atraída por la curiosidad, como tantos cientos de santanderinos. Al parecer, su novio se encontraba muy cerca

del barco en el momento de la explosión. Creo que participaba en el intento de apagar el incendio. A mí tía abuela Merche, que nos contó la historia más de una vez, le encantaba aterrorizarnos con detalles truculentos. En su relato, la explosión le arrancaba al joven la cabeza y esta caía a los pies de la novia. Dejando aparte esta licencia narrativa, el hecho es que el desafortunado muchacho saltó por los aires con el barco y con todos los que estaban a su alrededor. Aquella tarde, la prima de mi bisabuela perdió la razón.

Algún tiempo después, un médico le dijo al padre de la joven que, puesto que su hija había perdido el juicio a causa de una tremenda impresión, la mejor forma de que lo recuperase era recibiendo otra equivalente. Entre los dos concibieron un plan que, visto el resultado, parece bastante estúpido: el padre llevaría a la muchacha al muelle con la excusa de dar un paseo y, una vez allí, la empujaría al agua, de la cual, gracias a la impresión, habría de emerger curada. En ese momento la rescatarían desde un bote contratado por la familia, que estaría a la espera en aquel punto del muelle. Con lo que no contaban ni el médico ni el padre era con que la joven, en cuanto llegó al muelle, se soltó del brazo de su padre y se arrojó por su cuenta al mar, bastante lejos de donde aguardaba el bote. Afortunadamente, este llegó a tiempo de rescatarla. No hubo ninguna mejora en su salud mental.

La repercusión de aquella catástrofe fue tal que José del Río llegó a afirmar que el siglo acabó para Santander aquella funesta tarde de 1893. «Los hombres posteriores al *Machichaco* no eran ya los mismos, aún siéndolo corporalmente, que los hombres de la víspera de la explosión. Fue un fenómeno muy parecido al operado en el mundo con la guerra europea; después de haber estado en las trincheras desde 1914 a 1918, el hombre de Europa se trocó en otro hombre nuevo que se ahogaba en la estrecha camisa de su vieja civilización».

Maliaño no había sido precisamente un horizonte estrecho para la ciudad. El proyecto inicial preveía triplicar prácticamente su extensión. Pero tras la explosión Santander dejó de expandirse sobre aquellos terrenos. La tragedia no fue la única causa. La actividad portuaria pasaba por un momento de crisis y el modelo mercantil y colonial en el que la ciudad había basado su prosperidad estaba a punto de desaparecer. Pero el siniestro fue tan brutal, tan traumático que en la memoria colectiva su recuerdo se asocia, quizá por economía dramática, a la frustración de una esperanza. Tras la liquidación del modelo colonial en 1898, los capitales repatriados de América ya no se invirtieron en Maliaño. Tampoco se construyó allí el nuevo ayuntamiento. La ciudad empezó a volverle la espalda al puerto que tan importante papel había desempeñado en su crecimiento, y el puerto empezó a alejarse hacia el fondo de la bahía.

Pero si la explosión del *Machichaco* vino a poner fin al ensanche, la historia continuó en aquel terreno ganado al mar, sin bien en un tono menos épico. Esa continuación es el legado que los santanderinos tienen hoy en Maliaño.

Las calles destruidas en la cabecera del ensanche se volvieron a edificar inmediatamente después de la catástrofe. «En pocos años», cuenta José Simón Cabarga, «se alzaron nuevas casas con un empaque arquitectónico realmente señorial, y entonces el Municipio pensó transformar en boulevard la explanada de Calderón de la Barca». «Era un espléndido telón urbano que prestigiaba a la ciudad», explica el cronista –la terminología escenográfica siempre ha sido un lugar común recurrente en Santander–. «En la práctica, la calle de Calderón de la Barca era un ancho andén muy concurrido (...) Había a todas horas animación en los bares, de marcada herencia de las antiguas tabernas, justificando su clientela portuaria, y restaurantes para los viajeros de la provincia, y esto les confería características muy especiales. Podía decirse que eran como consulados honorarios donde se "despachaban" las relaciones entre la capital y la provincia».

Seguramente a los situacionistas, que siempre incluían los bares en sus derivas, les habría gustado aquel ambiente, con su clientela portuaria y de gentes de paso. Hoy la calle Calderón de la Barca conserva algunas de las casas descritas por Simón Cabarga en la única manzana que logró salir indemne de otra catástrofe, la del incendio de 1941. Son unas casas muy bonitas, con detalles modernistas. Y en las dos manzanas siguientes, frente al monumento a las víctimas de la explosión del *Machichaco*, sigue habiendo bares y restaurantes. Pero su ambiente ya no es portuario, pese a que tienen delante la Estación Marítima (un edificio neoexpresionista cuya cubierta evoca el oleaje del Cantábrico) y el embarcadero del ferry. Es un sitio animado donde tomar un café a media mañana o un vermú a mediodía. Por la noche una clientela más joven va allí para cenar en algún bistró o en un restaurante italiano. Pero para encontrar un ambiente portuario –probablemente una búsqueda quimérica– habría que adentrarse más en el antiguo ensanche.

Más allá de su cabecera oriental, el ensanche de Maliaño siguió funcionando durante décadas como un arrabal industrial al servicio del puerto y del ferrocarril. Aquí José del Río encontraba en sus paseos un «paisaje extraño de almacenes, grúas y máquinas; y hombres que parecen como las máquinas, hechos también de hierro». El periodista quiso ver en Maliaño una épica no urbanística y empresarial como la de los tiempos del ensanche, sino más humana, doliente y hasta trágica. Una épica del trabajo.

«El Maliaño de verdad», escribió en 1931, «no es el paseo marino, brillante, de las tardes de sol, cuando lo pueblan los canónigos y los niños; ni el Maliaño de arribada de los trasatlánticos. Es el de las mañanitas de invierno, cuando cientos de hombres vestidos de mahón forman el rail para que un capataz elija veinte o treinta. Es el de las mujeres que descargan carbón y cemento bajo la lluvia fría y chancleteando sobre el barro. Es el de los accidentes de trabajo y el de los niños hambrientos y descalzos que van a los barcos por las sobras de las comidas. Y del dolor y del sudor de ese Maliaño puede decirse que vive Santander. Sobre su miseria se asienta la riqueza de la ciudad».

Seguramente, el carbón que aquellas mujeres descargaban era inglés, un excelente combustible para las fábricas que habían surgido por toda Cantabria. Durante las tres primeras décadas del siglo XX, tras el ocaso del comercio ultramarino, los empresarios santanderinos dirigieron su atención hacia la industria y hacia la minería del hierro. Las instalaciones portuarias se fueron desplazando hacia la ría de Astillero, en el fondo de la bahía, donde se habían construido cargaderos de mineral. Pero a pesar de su pérdida de importancia, las instalaciones de Maliaño siguieron siendo fundamentales al menos para una de las fábricas más antiguas de la ciudad, la de tabacos. Por el puerto llegaba a Santander la mitad del tabaco en rama que España seguía importando de Cuba y Filipinas. Tras su descarga, se almacenaba en los depósitos de Maliaño y luego se llevaba a la fábrica de la calle Alta o se redistribuía a las factorías del resto del país.

El principal depósito de tabaco se construyó a principios del siglo XX entre las calles Marqués de la Hermida y Antonio López. Es una extensa construcción de ladrillo de estilo neomudéjar compuesta de ocho naves. Recorrer su perímetro puede convertirse en un paseo interminable. El edificio posee una sobria belleza y un pasado siniestro: durante la Guerra Civil y los primeros años de la posguerra fue prisión para miles de republicanos. Muchos presos enfermaron y murieron dentro de esas naves (Obregón, 2014). Hoy el edificio es la sede de la Biblioteca Central de Cantabria y del Archivo Histórico. Como casi todas las bibliotecas, la frecuenta sobre todo gente joven. Quizá por eso, y por la acogedora amplitud de su atrio y la claridad diáfana de sus salas, ahora es uno de los lugares comunes más vivos y luminosos de Santander.

Muy cerca de allí, en la confluencia de Marqués de la Hermida y Antonio López, se levanta otro notable edificio de pasado tabaquero, también destinado recientemente a un nuevo uso de carácter cultural. El Depósito de Elaborados de Tabacalera fue proyectado en 1959 por el arquitecto cántabro Juan José Resines del Castillo. Consta de dos cuerpos, uno horizontal, que servía para almacenar los tabacos elaborados en el extranjero, y otro vertical, una torre coronada por una enorme losa de hormigón curvada. Es un edificio racionalista, funcional, de

una poderosa belleza. El mejor lugar para contemplarlo es la esquina de las antiguas Aduanas. Desde ese punto, a pesar del intenso tráfico, se comprende al instante por qué se lo considera una de las muestras más valiosas del patrimonio arquitectónico de la ciudad. Hoy ocupa su interior un centro cívico con salas para talleres y reuniones vecinales, espacios para las artes y un curioso jardín vertical.

Si después de admirar el Depósito de Elaborados volvemos por Antonio López a la cabecera del ensanche, divisaremos al final de la calle Calderón de la Barca otra torre de estilo muy diferente. Es la de la Estación Unificada de Ferrocarril, un edificio construido en 1940 en el estilo clasicista, con sus característicos pináculos herrerianos, adoptado por el régimen que se instauró en España tras la Guerra Civil. Pocos años antes habían sido derribadas las dos estaciones preexistentes. En 1986 se construyó frente a esta estación la de autobuses.

El área de la actual Plaza de las Estaciones constituye una unidad de ambiente muy particular, lo que los situacionistas denominaban «placa giratoria», un lugar que intercepta nuestros pasos y los redirige hacia unidades de ambiente muy diferentes. A un viajero que arribara a Santander sin conocer la ciudad, sin duda este lugar común le induciría una completa desorientación. No es el peor estado para iniciar una deriva. Desde aquí el viajero podría dirigirse hacia los muelles de Maliaño o hacia el barrio Castilla-Hermida, que empieza al costado de la estación de tren; hacia la cabecera del ensanche, por Calderón de la Barca; hacia el paseo y los jardines de Pereda, por la calle Cádiz, o hacia la calle Alta, por la Rampa de Sotileza.

También podría adentrarse en el pasaje de Peña, que conecta el ensanche de Maliaño con el centro de la ciudad. Este túnel, de unos doscientos metros de largo, empezó a excavarse en 1936 bajo el cerro de Somorrostro por decisión de un alcalde republicano. Las obras se reanudaron tras la Guerra Civil y concluyeron en 1943. Sobre sus dos bocas se colocaron, cómo no, pináculos herrerianos. Recorrer el túnel a pie es, en el mejor de los casos, una experiencia incómoda, teniendo en cuenta el tráfico de vehículos, la estrechez de las aceras y la prisa de los peatones que vienen detrás. Lo evitaremos y nos dirigiremos otra vez hacia el puerto.

El mismo año en que terminaron las obras del pasaje de Peña se empezó a edificar el poblado de pescadores *Sotileza*, más conocido como Barrio Pesquero. Para su construcción fue preciso llevar a cabo trabajos de relleno y explanación en un extremo del espigón de la dársena de Maliaño. En el poblado se establecieron unas trescientas familias de pescadores desalojadas de la zona de Peñaherbosa y Tetuán, junto a la dársena de Molnedo o Puertochico. Esta acabó acogiendo exclusivamente embarcaciones de recreo.

El Barrio Pesquero fue concebido como un poblado autónomo y, sobre todo, aislado del resto de la ciudad, con iglesia, escuela, un centro social, mercado y locales comerciales. Las viviendas se agruparon en bloques agrupados en torno a dos plazas. La dársena de Maliaño se habilitó como puerto pesquero, con un muelle de atraque, una lonja y una rampa para el carenado de los barcos, el Varadero.

La construcción del poblado de pescadores *Sotileza* fue una iniciativa paternalista y segregadora, racionalista en su planificación y cicatera en su ejecución —la calidad de los materiales era tan deficiente que las viviendas empezaron a deteriorarse enseguida—. Una iniciativa que creó un lugar común sin contar con quienes tendrían que habitarlo. Estos no tardaron en abrir allí tabernas y asadores de sardinas. El Barrio Pesquero se convirtió en lugar de ocio para santanderinos y turistas. Se empezó a ir allí, y se sigue yendo, para comer o cenar pescado. A mediodía, en los soportales de la plaza de los Cabildos el ambiente es muy agradable, incluso los días de lluvia. Pero no es un ambiente portuario, pese a la decoración marinera. Puede que lo más interesante de este barrio sea su tipología urbanística, pero el tipismo más apreciado por los visitantes es puramente hostelero.

Contiguo al Barrio Pesquero, al otro lado de la dársena y de un extenso aparcamiento, se extiende el barrio Castilla-Hermida, la última zona urbanizada en el ensanche de Maliaño. En los años sesenta del siglo pasado empezaron a construirse allí modernos bloques de viviendas agrupados en grandes manzanas. El barrio se convirtió en el más densamente poblado de la ciudad. Al ser puerta de entrada y salida de Santander, ha soportado desde su creación un intenso tráfico rodado en las dos largas calles que le dan nombre. La difícil conexión con otras áreas urbanas ha sido siempre un problema para los vecinos, paliado en parte desde 2015 con la construcción de una pasarela sobre las vías del tren y de dos ascensores, instalados en una descomunal torre de hormigón, que permiten salvar los treinta metros de desnivel entre el ensanche de Maliaño y la calle Alta. La fachada sur del barrio se ha acondicionado como paseo marítimo y actualmente se planea soterrar el tráfico en Marqués de la Hermida. El objetivo de estos planes y de otros proyectos para la zona es destinar lo que antes fueron terrenos portuarios a usos culturales y recreativos, hasta transformar todo el frente marítimo de Santander en un paseo de nueve kilómetros y convertir la dársena de Maliaño en un enclave de ocio.

Pero caminar a la deriva por el barrio Castilla-Hermida no induce tanto a preguntarse cuál será su futuro –ojalá aquí los vecinos sí puedan participar en su construcción– como a dejarse llevar por las solicitaciones del terreno y los encuentros que le corresponden, como propugnaba Guy Debord. Así fue como me topé con la torre del Depósito de Elaborados y llegué hasta el edificio de la Biblioteca, que están en este barrio. Así descubrí un teatro, el Café de las Artes, situado en un antiguo almacén eléctrico, y un peculiar centro cristiano en cuyo escaparate pueden leerse testimonios de superación personal y crecimiento espiritual redactados en ese lengua franca global que mezcla los lugares comunes de la autoayuda y de las escuelas de negocio. Y sobre todo, fui a parar a bares, a muchos bares. A algunos, como el que una peña de fútbol tiene en la recóndita placeta del Progreso –qué rabas más buenas se toman allí– o el colmado-bar de la calle Madrid, me llevaron amigos santanderinos. Con otros fui topando por mi cuenta.

Castilla-Hermida es el barrio santanderino donde se concentra más población migrante. Puede que algunos acaben regresando a su país de origen, pero la mayoría ha venido para establecerse aquí, igual que en otros tiempos hicieron gentes de Castilla, del País Vasco, de Francia o de otros lugares. No son gente de paso como la que frecuentaba los antiguos bares portuarios del ensanche de Maliaño. Al final, no he podido o no he sabido encontrar bares como aquellos. Lo que sí he encontrado en este barrio, y en sus bares, es un ambiente que me gusta mucho.

«El valor de una ciudad se mide por el número de lugares que reserva para la improvisación», escribió Siegfried Kracauer, un consumado peatón que ya derivaba por las ciudades treinta años antes que los situacionistas. En este barrio resulta más fácil improvisar que en el Paseo de Pereda. Aquí las coreografías no son tan estereotipadas. Surgen recorridos imprevistos, encuentros inesperados, conversaciones espontáneas. «Felices las ciudades que tienen en su interior muchos entornos portuarios», escribió también Kracauer. Aunque los bares de Castilla-Hermida no sean portuarios, el barrio en cierto modo lo es, siquiera por contigüidad.

El fantasma de
los veraneos pasados

Cuenta José del Río en *Memorias de un periodista provinciano* que tras la catástrofe del *Machichaco* en Santander empezó a incubarse una nueva era. Se percibía «un mayor ímpetu en el vivir» (…). La gente había salido del horrible trance con un ansia exacerbada de gustar las mieles de la juventud. Empezaba a parecer estrecho el marco de la ciudad con sus costumbres morigeradas y su moral de aldea. Se soñaba con un pueblo grande y se esbozaban proyectos de transformación». En aquel tiempo, recuerda el periodista, empezó «la boga del Sardinero».

La historia de los veraneos en Santander se remonta medio siglo atrás, al inicio de la moda de los balnearios costeros y los baños de mar, a los que se atribuía virtudes terapéuticas. Pero la edad dorada del Sardinero, la del veraneo distinguido y elegante, comenzó con el cambio de siglo y llegó a su apogeo entre 1910 y 1930. Nada queda de la modesta estación balnearia de los inicios, y más bien poco del Sardinero de 1900, apenas una docena de edificios completamente transformados, como el Gran Hotel o Villa Piquío. Pero lo que se conserva de la época de su esplendor –el Hotel Real, el Gran Casino, algunas villas y palacetes– es lo suficientemente significativo como para que nos permita invocar al fantasma de aquellos veraneos pasados.

Según el sociólogo Michael Bell, los lugares están poblados de fantasmas, de presencias que aportan buena parte de lo que convierte un espacio en lugar y le confieren significado. A su vez, la particularidad de un lugar condiciona el tipo de fantasmas que puede aparecer en él. El fantasma de los veraneos pasados de Santander es un personaje colectivo. Todos los años, a mediados de julio, se lo evoca en los Baños de Ola, un festival que conmemora la publicación en 1847, en la *Gaceta de Madrid*, del primer anuncio publicitario de las playas del Sardinero. La evocación está bastante bien lograda; los participantes llevan vestidos que son fieles réplicas de los de entonces y los baños de ola del Sardinero vuelven a aparecer en la prensa, publicitados

como festejo identitario para autóctonos y atracción turística para foráneos. Pero evocar un fantasma no equivale necesariamente a invocarlo. De hecho, si el fantasma llegara a materializarse, me temo que los participantes estarían demasiado absortos en el espectáculo y en la diversión como para reparar en él.

Al fantasma de los veraneos pasados se lo puede invocar leyendo los artículos que José del Río escribió durante la *Belle Époque* santanderina. En ellos desfila una comitiva mundana y cosmopolita. La forman la familia real española y su séquito de ministros y cortesanos; diplomáticos y agregados militares alemanes que coinciden durante la guerra europea con hombres de negocios de la Entente; princesas rusas huidas de la revolución, francesas elegantes y *gentlemen* egipcios en fuga quizá de sí mismos; distinguidas y opulentas familias santanderinas, madrileñas y castellanas; niños con niñera y oficiales convalecientes de la guerra de África; actrices y toreros, escritores de renombre nacional y boxeadores de fama mundial.

Revivida por la lectura, la elegante y abigarrada estantigua veraniega vuelve a reunirse en la plaza del Pañuelo –ahora plaza de Italia– ajena a los insulsos turistas de hoy. La acompañan, a la distancia debida, artesanos y comerciantes de la ciudad que han venido con sus familias a pasar el domingo en el Sardinero y muchachas de servicio que salen en su tarde libre a pasear con algún soldado. Será mejor que no nos fijemos en uno de los flecos del cortejo: lo integran los milicianos que durante la Guerra Civil saltaban con subversiva despreocupación muretes de quintas y chalés para hacer de vientre en huertas y jardines y epatar de paso a los burgueses. Pero esto último no lo cuenta José del Río, que ya no estaba allí para verlo –el periodista, republicano conservador y liberal, había dejado Santander a finales de 1936 para escapar a tropelías bastante más sangrientas–, sino el escritor Jesús Pardo en sus indiscretas memorias.

El Sardinero fue durante mucho tiempo un ámbito marginal en un sentido puramente espacial. Pardo, que pasó allí su infancia –en Villa San José, una quinta de la avenida de los Infantes en la que mi madre veraneó un par de años después de que la casa fuera dividida en pisos– lo consideraba un mundo aparte, una república independiente. El escritor decía que no se sentía santanderino, sino sardinerino. El Sardinero fue un apéndice veraniego de la ciudad hasta que en el último tercio del siglo XX acabó integrándose en ella como un barrio residencial, muy verde, muy bonito y muy particular. Tan particular que, por lo que sé, el Sardinero y Pérez Galdós-Reina Victoria –extensión histórica e intensificación sociológica del primero– son los únicos barrios de la ciudad que no tienen asociación de vecinos.

En el verano de 1861 Isabel II y su familia pasaron cuatro semanas en Santander. La reina sufría herpes y sus médicos le habían recomendado los baños de mar. Durante su estancia se alojaron en la Real Aduana. Acudían a la primera playa del Sardinero, donde se había puesto a su disposición una caseta de baño. Fue entonces cuando surgió por primera vez la idea de que Santander se convirtiera en residencia de verano permanente de la familia real. Se consideró –acertadamente, como se vería décadas más tarde– que su presencia ejercería un efecto llamada sobre el público elegante. Con esa intención, y a fin de que Isabel II se construyera una «estación real de verano», las autoridades locales le donaron la finca La Alfonsina, contigua a la península de La Magdalena. La revolución de 1868 truncó el proyecto: España se convirtió por primera vez en República, la reina partió al destierro y la Junta Revolucionaria se incautó de la finca.

Cuatro años después, en 1874, Santander recibió una nueva visita real. Aquel verano Amadeo de Saboya se hospedó en el palacete que el opulento empresario Juan Pombo se había hecho construir en el Sardinero. Benito Pérez Galdós, otro prestigioso veraneante en Santander, cuenta en los *Episodios nacionales* que el rey se alojó la primera noche en la Aduana, como su predecesora. Dado que su llegada había sido más bien precipitada, hubo que adecentar a toda prisa el alojamiento. La habitación la habían pintado la víspera y el efímero monarca pasó en ella «una noche de perros». Al día siguiente las autoridades municipales recurrieron a Juan Pombo, «el ricacho del pueblo», como lo llama Galdós, y este ofreció su palacete al rey. En 1876 se alojaron también allí Isabel II, a su regreso de Francia, y su hijo Alfonso XII. Conocido como Villa Piquío e irreconocible actualmente tras sucesivas reformas, el palacete iba a acoger a Manuel Azaña en el verano de 1936, pero el estallido de la Guerra Civil frustró las vacaciones del presidente de la República.

El palentino Juan Pombo, industrial, naviero, banquero, alcalde, marqués e hijo adoptivo de Santander fue el primer impulsor del Sardinero como estación balnearia. Por su cuenta o asociado a sus hijos César y

Arturo –este último sería en 1893 una de las víctimas mortales de la explosión del *Cabo Machichaco*– construyó un establecimiento de baños en la primera playa, el Gran Hotel, los hoteles Castilla, Hoyuela y París y el primer casino del Sardinero. En 1898 los Pombo traspasaron la mayor parte de sus propiedades a un grupo de destacados miembros de la burguesía santanderina, que encontraron en el desarrollo del Sardinero una alternativa al colapso del comercio de ultramar.

Esta es la época en la que José del Río sitúa el comienzo de la boga del Sardinero, con una etapa inicial, la de principios del siglo XX, caracterizada, a juicio del periodista, por el mal gusto arquitectónico. «El bello paseo de Menéndez Pelayo –entonces de la Concepción– se llenó de chalets de cartón piedra. (...) La epidemia se contagia al Sardinero, que se estropea para muchos años, al poblarse de edificaciones absurdas, de carácter pretencioso». En aquel momento se construyeron numerosos chalés y hoteles de familia inspirados en diversos modelos europeos, combinados con un eclecticismo carente de prejuicios. Para Del Río no eran más que «garitas sobrecargadas de adornos ridículos». Al hispanista inglés Edgar Allison Peers también le llamó la atención aquel abigarramiento arquitectónico, aunque su dictamen fue mucho más benévolo. En su librito *Santander* (1927) escribió: «El elegante barrio de Miranda tiene una larga avenida con hileras de plátanos, de lo más recta, y mansiones por todas partes: algunas elegantes, otras *chic* y otras increíblemente grotescas, pero todas encantadoras».

Aunque luego se han construido bastantes edificios modernos, a mí los chalés y hoteles de familia que se conservan en Menéndez Pelayo me parecen tan encantadores como en su día le parecieron a Peers. La mayoría son obra del arquitecto y urbanista Valentín Lavín Casalís. Dado que se edificaron ente 1898 y 1908, puede que sean los mismos que Del Río censuró tan severamente. En cualquier caso, Menéndez Pelayo me parece una de las calles más bonitas de Santander. Allí se alza también El Solaruco, una recreación de las casas solariegas cántabras proyectada en 1916 por Leonardo Ruca- bado, el arquitecto que formuló las líneas maestras del estilo regionalista montañés: torre, soportales, grandes aleros de madera, solanas y escudo heráldico. José del Río lo consideraba una joya, una muestra del «restablecimiento de un mejor gusto arqui- tectónico y de una orientación más noble» que se había iniciado con la construcción del Palacio de La Magdalena.

El impulso definitivo para la consolidación del Sardinero se produjo con su elección como sede del veraneo real. Fue una elección inducida. En un segundo intento de atraer a los reyes, en 1908 el Ayuntamiento, con el respaldo de los concejales republicanos –paradojas de la ciudad– donó a Alfonso XIII el parque de La Magdalena y, cuatro años más tarde, como regalo de bodas, un palacio construido dentro del recinto en estilo ecléctico y con apariencia inglesa, en homenaje a la joven reina, que había nacido en Gran Bretaña. Esta vez el intento tuvo éxito. Desde 1913 hasta 1930, los reyes veranearon en Santander. Su presencia ejerció finalmente el efecto llamada que no se había podido lograr en tiempos de Isabel II, convirtió Santander en estación del veraneo elegante e impulsó el desarrollo urbanístico del Sardinero.

En el verano de 1914 se abrió la avenida de Reina Victoria, una vía litoral elevada que conectó el Sardinero con la ciudad. En 1916 se inauguró el Gran Casino; al año siguiente, el Hotel Real y el Hipódromo de Bellavista. El Sardinero adquirió ese aire cosmopolita y bellepoquesco que todavía conserva y que

sigue evocando sus referentes: Biarritz, Niza, Cannes. En muchos de los chalés construidos en ese momento se adoptó el estilo inglés, siguiendo el ejemplo del palacio de La Magdalena. Pero no todo lo que se edificó por entonces en el Sardinero tenía aire foráneo. Las empresarios más boyantes de la ciudad se hicieron construir auténticas casas-palacio inspiradas en la historia y la tradición española y montañesa, como Los Pinares (1916), del naviero Francisco García, un edificio neobarroco que sigue proclamando sus pretensiones señoriales muy cerca de la plaza del Pañuelo. O como El Promontorio (1915), de estilo regionalista, construido para otro naviero, Adolfo Pardo, en el paseo de Pérez Galdós, junto al Hotel Real. Muy cerca de este palacete, también en Pérez Galdós, se levanta La Casuca (1915), un bonito chalé proyectado por Leonardo Rucabado, con rasgos regionalistas mucho más estilizados que en El Solaruco.

Si uno repara en las fechas, se da cuenta de que todos estos edificios se construyeron durante la Gran Guerra. Mientras Europa se desangraba en las trincheras, las fortunas santanderinas se acrecentaban, el Sardinero se embellecía y sus elegantes moradores estivales gozaban indolentemente del ocio. «Era el triunfo de la frivolidad», escribió José del Río, en septiembre de 1917, en un artículo sobre el ambiente del hipódromo de Bellavista. En la misma página del periódico, la primera, se anunciaban las carreras del día y el programa del Gran Casino —un ballet de ninfas y pastores, una ópera de Leoncavallo y un concierto en la terraza— y se detallaba la jornada regia: partido de polo, nombramiento del infantito don Carlos como explorador honorario de la guarnición santanderina, despacho con el marqués de Lema, ministro de Estado. Había también una breve crónica de la huelga en Asturias, transmitida por teléfono por el corresponsal. Las noticias sobre la guerra europea iban en la tercera página.

En febrero había estallado la primera Revolución rusa. Todavía faltaba un mes para la de octubre, pero aquel verano una huelga general revolucionaria sacudía España. Los tiempos estaban cambiando, aunque en el Sardinero eso solo se notaba en las costumbres, cada vez más modernas y menos morigeradas. El ocio había cobrado más importancia que las virtudes terapéuticas del balneario. La alta sociedad empezaba a mostrar pasión por el deporte: la hípica, el polo, el tenis, el golf, el automovilismo, las regatas...

Para los asiduos a los veraneos en el Sardinero aquel tiempo de ocio y frivolidad no era necesariamente improductivo. Construirse un palacete o alquilar un hotelito o un chalé no dejaba de ser una inversión, gastos de representación necesarios para adquirir o mantener el prestigio social. La playa, por la mañana, y los paseos y terrazas por la tarde, eran lugares propicios para trabar nuevas relaciones y reforzar las antiguas. El contacto, por lo demás, era obligado; la plaza del Pañuelo, cuenta José Simón Cabarga, recibió ese nombre por su carácter de lugar común forzoso. En verano, «todo el mundo» acababa encontrándose allí. El Sardinero se convirtió, gracias al contacto con la aristocracia, en una «escuela de pautas de comportamiento» (Sazatornil, 1996), o lo que es lo mismo, de distinción, para aquella burguesía que ya había sido distinguida por la Corona con títulos nobiliarios de nuevo cuño. La moral de aldea cedía ante una mentalidad y unas prácticas sociales más abiertas.

El Sardinero era un lugar de distinción y de distinciones. No era lo mismo alojarse, siquiera como invitado, en un palacete, una quinta o un chalé del Sardinero que hospedarse en una fonda de la ciudad o en una habitación con derecho a cocina del alto de

Miranda, como los veraneantes ridiculizados por Pereda en *Tipos trashumantes*. Había una playa de buen tono, la Primera, y otra de tono menor, la Segunda. En esta última, según un visitante de la época, «no se baña más que gente modesta y de poco pelo, en su mayor parte los que aquí llaman castellanos, que es la gente del interior».

Casi cien años más tarde, cuando yo me bañaba en el Sardinero, la distinción seguía hasta cierto punto vigente. A cada playa acudía un público distinto. La Segunda era, sobre todo, una playa familiar, más amplia y más llana en todos los sentidos. También era la más frecuentada por los castellanos y madrileños que veraneábamos en los pisos construidos a espaldas de la playa y por otra «gente del interior» que venía los fines de semana en autobús. La Primera seguía conservando su función de espacio distinguido. Era la playa de la «gente bien». Sus vástagos, agrupados en pandillas que volvían a formarse cada verano, extendían sus toallas en dos hileras paralelas, la de los chicos y la de las chicas. Supongo que las diferencias entre ambas playas se habrán nivelado. No he podido comprobarlo: han pasado muchos años desde la última vez que me bañé en el Sardinero. Pero un granadino que visitó no hace mucho Santander me contó que era el único lugar donde había visto que las chicas se pusieran perfume para bajar a la playa. Sin duda se refería a la Primera del Sardinero.

Por más que el decorado arquitectónico del Sardinero siga evocando fantasmas distinguidos y proclamando las pretensiones aristocráticas de la alta burguesía, quien acabó imponiéndose allí, como en todas partes, fue la clase media. Ya a mediados de los años veinte José del Río advertía que el esplendor del veraneo elegante empezaba a apagarse. El hipódromo de Bellavista, donde no se celebraban carreras desde 1921, estaba «pudriéndose, invadido de nuevo por la vegetación salvaje». Santander, escribía el periodista, se había empeñado en competir con San Sebastián sin más ventajas que la presencia del rey y la belleza de sus parajes. Pero el «gran mundo» prefería veranear en la capital guipuzcoana. La aristocracia solo iba a Santander a pasar unos días, obligada por su deberes cortesanos. Para superar una coyuntura que Del Río consideraba catastrófica, Santander debía dotarse de un carácter propio: el de una playa «elegante y alegre, desde luego, pero económica».

La proclamación de la Segunda República en febrero de 1931 y el exilio de Alfonso XIII pusieron fin a los veraneos reales. Aquel año hubo una lógica incertidumbre acerca de cómo sería el nuevo verano. «Parecido a los demás», pronosticó el periódico republicano *El Cantábrico*. Con notable *schadenfreude* –otro rasgo característico del humor santanderino–, el diario proponía Santander como refugio y sedante para aquellos cuyos nervios habían sufrido grandes tensiones: «Los capitalistas, los patronos, los militares, los rentistas, todos los que han sufrido los primeros choques del nuevo estado de las cosas, en Santander encontrarán el olvido y con ello la paz».

El primer verano republicano no fue tan parecido a los anteriores como había vaticinado *El Cantábrico*. En septiembre, José del Río hizo balance de la temporada en *La Voz de Cantabria*: «Ya acabó el verano, el primer verano sin la corte en La Magdalena que ha visto desde que se construyó aquel palacio Santander. [...] Contra todas las prevenciones, ya muy entrado junio, los veraneantes empezaron a afluir. No era, quizá, la sociedad brillante de otros años. Pero era un núcleo no menos estimable de gentes de trabajo y de pequeña y alta burguesía que no llegaban atraídos por el deslumbramiento de la corte, sino por el deseo honrado de pasar un mes de descanso en la orilla del mar o en la grata penumbra de las montañas verdes».

La edad dorada del veraneo elegante y mundano había quedado atrás. Se iniciaba la popularidad de Santander entre la clase media. En agosto de 1933, Del Río se congratulaba de que se estuviera cumpliendo un ideal que él mismo había postulado. Aquel verano se advertía en el Sardinero una nueva atmósfera de familiaridad, con veraneantes «en mangas de camisa, en alpargatas y "playeras"; sin ninguna etiqueta». Algunas mujeres se atrevían a sentarse en traje de baño en unas terrazas que, al igual que las playas y los paseos, se habían llenado de caras nuevas. El periodista simpatizaba con aquellos nuevos veraneantes, mucho más dados a hacer amigos desinteresadamente y a mezclarse con las clases populares santanderinas. La ciudad rebosaba de funcionarios de vacaciones, estudiantes universitarios, acomodados agricultores castellanos, tenderos madrileños y turistas ingleses.

Aquellos ingleses serían probablemente alumnos de los cursos de lengua y cultura española organizados por Edgar Allison Peers y la Sociedad Menéndez Pelayo desde principios de la década de 1920. Se alojaban en fondas, pensiones y casas particulares de la ciudad. En cuanto a los estudiantes, eran los que empezaban a acudir a los cursos de la Universidad Internacional de Verano, creada en 1932 por el Gobierno de la República. Desocupado el palacio de La Magdalena por su inquilino anterior, sus dependencias se reformaron para acoger las actividades de la nueva institución. Se habilitaron 140 habitaciones para profesores y alumnos. La biblioteca se instaló en lo que antes fue salón de baile. Las caballerizas acogieron las aulas y más dormitorios.

Los cursos de verano contaron con la presencia de las personalidades más destacadas de la ciencia y el humanismo hispanos: Ortega y Gasset, Unamuno, el doctor Marañón, Xavier Zubiri, Américo Castro, Salvador de Madariaga... El Palacio de La Magdalena fue también lugar de encuentro para poetas de la Generación del 27 como Pedro Salinas –profesor y secretario general de la Universidad–, Dámaso Alonso, Jorge Guillén y el santanderino Gerardo Diego. La compañía de Federico García Lorca, La Barraca, representó obras clásicas del teatro español delante del pabellón de las antiguas caballerizas. Por aquellas fechas, Edgar Allison

Peers resaltaba en su libro sobre Santander el carácter especial de aquellas vacaciones, «menos mundanas, más intelectuales y artísticas».

La Guerra Civil puso término a la fructífera experiencia. El curso de verano de 1936 se clausuró el 29 de agosto. Ese día, varios alumnos fueron detenidos al salir del recinto de La Magdalena. Al parecer, unos camareros los habían denunciado por su ideología de derechas. Cuando la policía registró sus habitaciones, encontró unos aparatos de radio que los comprometían. Seis de aquellos jóvenes serían asesinados poco después en la masacre del buque prisión *Alfonso Pérez*, una represalia por el bombardeo de los barrios obreros de la ciudad por aviones alemanes. El salvajismo espontáneo como respuesta a la brutalidad planificada. En el bombardeo murieron setenta personas. En la matanza del *Alfonso Pérez*, ciento cincuenta y seis.

Tras la guerra llegaron las penurias de la posguerra. El hipódromo de Bellavista y las caballerizas de La Magdalena se convirtieron en campos de internamiento para presos republicanos. El país no estaba para vacaciones; en los años cuarenta y cincuenta únicamente veraneaban en el Sardinero miembros de las capas más altas de la sociedad. Las clases medias solo regresaron con el desarrollo económico de los años sesenta. A partir de ese momento y durante las décadas siguientes, los veraneantes «de toda la vida» tuvieron que acostumbrarse a compartir el Sardinero con los turistas. Estos, percibidos al principio como unos advenedizos, acabaron ganando la partida. En cuanto a los veraneantes, muchos fueron reduciendo la duración de su estancia hasta metamorfosearse en turistas más o menos habituales, y ahora solo pasan unos días en Santander. Otros nos hemos convertido en fantasmas de los veraneos pasados.

En 1945, poco después del término de la Segunda Guerra Mundial, el Gobierno franquista decidió retomar los cursos de verano de La Magdalena y creó la Universidad Internacional Menéndez Pelayo; por supuesto, con unos presupuestos ideológicos y culturales muy distintos de los que habían sustentado la experiencia republicana. El régimen se sirvió de la Universidad y del Festival Internacional de Santander, fundado en 1952, para romper su aislamiento, mejorar su nefasta imagen exterior e incluso introducir en algún momento cierto toque aperturista. Lo que Dionisio Ridruejo denominó el «verano para cultos» volvió a ser, como durante la República, una seña distintiva de los estíos santanderinos.

Esta orientación se mantuvo con la llegada de la democracia. Los cursos de la Universidad Menéndez Pelayo y el Festival Internacional siguieron siendo citas veraniegas obligadas para la clase culta española. En los años ochenta y noventa, el relativo glamur de los intelectuales orgánicos de la democracia sirvió como sustituto de la elegancia cosmopolita del pasado; la frivolidad de antaño se suplió con una superficialidad muy posmoderna. Después –hoy– el aumento del número de competidores y la amplitud de la oferta han empañado un tanto el resplandor del verano cultural santanderino. Los que toman las decisiones no se resignan a que Santander pierda protagonismo y han decidido convertirla en una ciudad de museos. No será la única, ni mucho menos la primera. Pero una de las bondades de los museos es que pueden visitarse cuando llueve, y en Santander suele llover mucho, también en verano. Además, los museos están abiertos todo el año.

Por ahora, en el Sardinero no hay museos –el más cercano es el centro de arte que se abrió hace veinte años en el faro de Cabo Mayor; la visita, también a su entorno, es muy recomendable–. Lo que en su día fuera estación veraniega hoy es un barrio residencial y de ocio. En un momento en que el Sardinero seguía siendo el lugar común de la distinción, la alta burguesía santanderina convirtió sus casas de verano en residencia permanente. Pero con la aparición del turismo de masas el Sardinero empezó a perder buena parte de su valor distintivo. Muchas villas y chalets se derribaron para construir bloques de pisos ocupados solo un par de meses al año por sus propietarios, veraneantes habituales. Mis padres tuvieron un apartamento en uno de esos bloques, levantado junto al viejo estadio del Racing. En él pasamos mis hermanos y yo los veranos de nuestra infancia, hasta que mis padres lo vendieron hacia 1980. En esa década el Sardinero pasó a ser un barrio residencial de la clase media santanderina.

En cierto sentido, el Sardinero es en sí mismo un museo. Hace un cuarto de siglo –entonces se conservaban más edificios de la edad dorada– Valérie Delcroix-David escribió: «Una panorámica del paseo marítimo del Sardinero, desde la península de La Magdalena o desde la avenida Reina Victoria, muestra una yuxtaposición de diferentes estilos, épocas y gustos. Tomada individualmente, cada construcción bien podría situarse en un contexto completamente diferente. No es un estilo particular lo que le da identidad al Sardinero;

su originalidad y su encanto provienen de esta diversidad de paisajes construidos, de este eclecticismo arquitectónico que armoniza con el sitio. Un cierto encanto emana de estas alianzas arquitectónicas, de esta unión de modos y tipos arquitectónicos europeos».

De modo que podemos caminar a la deriva por algunas calles del Sardinero como lo haríamos por las salas de un museo especializado en determinada arquitectura de las dos primeras décadas del siglo XX. La tipología de las piezas es variada, pero no demasiado: una residencia real, espacios para el ocio —un casino, algún hotel— y diversas muestras de arquitectura doméstica: villas, chalés y palacetes.

Para mí, el entorno con mayor encanto lo forman el último tramo de Pérez Galdós y dos calles umbrías que van a dar a este paseo: la Cuesta de las Viudas y la calle Duque de Santo Mauro. Allí se levantan La Casuca, la Quinta Maza, Villa Iris, Villa Ignacia y la antigua Villa María. En una travesía de Santo Mauro vivió mi bisabuelo materno después de la Guerra Civil. Había sido el primer alcalde republicano de Guernica y más tarde vicepresidente de la Diputación de Vizcaya en representación de Izquierda Republicana, el partido de Manuel Azaña.

Los vencedores lo condenaron en consejo de guerra a doce años de destierro del País Vasco. «Sin duda fue una condena muy liviana, teniendo en cuenta que aquellos tribunales militares franquistas dictaban sentencias de muerte con una facilidad asombrosa», ha escrito el historiador Fernando Obregón, que también es bisnieto de Ismael López Francés. Mi bisabuelo eligió como lugar de destierro Santander. Alquiló Villa Ana María, un chalé que ya no existe, donde mi madre, su hermano y sus hermanas iban a pasar el verano de niños. Luego siguieron yendo por su cuenta, y mis tías se casarían con cántabros. Este es el origen de mi vinculación veraniega con Santander: otro fantasma de los veraneos pasados.

Seguramente, el encanto que le encuentro a esta zona del Sardinero se debe en gran medida a la nostalgia. Sentir nostalgia de algo que solo forma parte de la experiencia personal de una manera vicaria —conservo un cuadrito de Villa Ana María pintado por mi tío Carlos— es indudablemente un sentimiento *kitsch*. Pero, más allá de cuál sea la naturaleza de mis sentimientos, puede que el *kitsch* esté también en cierta medida en la base del encanto que el Sardinero ejerce sobre muchas otras personas.

La palabra *kitsch* significa muchas cosas y, precisamente por eso, corre el riesgo de no significar nada. En su día fue un término peyorativo; implicaba un juicio estético e incluso moral, siempre condenatorio, dictado desde la superioridad. Hace ya tiempo que el *kitsch* se ve de otra manera, incluso se celebra, aunque sea desde la ironía. Condenar algo como *kitsch* supondría seguir sosteniendo la distinción entre alta cultura y baja cultura, y hoy lo que se estila es olvidar o al menos camuflar esa distinción. De manera que, como escribe el experto en cultura visual Max Ryynänen, «la nueva forma de pensar y experimentar el *kitsch* es verlo como una tradición cultural en la que todos participamos. El *kitsch* se ha convertido de alguna manera en parte de nuestro a priori cultural». El *kitsch* ha llegado a ser un lugar común estético, también político e ideológico. Así que, probablemente, la única mirada que podemos tener sea una mirada *kitsch*. No es, desde luego, una mirada inocente.

Estudios clásicos sobre el kitsch como los de Abraham Moles o Matei Calinescu, o los de Noël Valis o Carlos Moreno sobre la cursilería para el caso de España, sitúan el apogeo de este fenómeno en la época del triunfo de la burguesía, entre 1880 y el final de la Belle Époque. Esa fue precisamente la época en que se construyeron las últimas casas del Paseo de Pereda, el Banco Mercantil y los edificios más notables del Sardinero. Las concomitancias no son meramente temporales. El rasgo sociológico más destacado por estos autores lo hemos encontrado en Santander: una alta burguesía ascendente a la que no le bastaba con obtener el poder económico y político, sino que también quería distinguirse y manifestar sus pretensiones aristocráticas. También hemos encontrado en la arquitectura santanderina de este período algunos de los rasgos estilísticos característicos del kitsch: redundancia ornamental, hibridación, apiñamiento ecléctico de estilos…

Sacar a colación estas concomitancias no tendría mucho interés si no nos ayudara a entender algo acerca de nosotros mismos. En *Cinco caras de la modernidad*, Matei Calinescu afirma que la variedad contemporánea del *kitsch*, más barata, «tiene, por así decir, sus raíces tradicionales en las nociones estéticas pseudoaristocráticas de la burguesía rica del siglo XIX». Nuestros gustos como consumidores son tan eclécticos como los gustos arquitectónicos de aquellos navieros, comerciantes y banqueros enriquecidos. Y en el Sardinero encontramos, como la encontraban ellos, una belleza amable, hecha de apariencias y nada problemática, que camufla o esconde la realidad, vence la débil resistencia que le oponemos y nos induce al ensueño y a un sentimiento irreal de bienestar, igual que esas novelas, películas y series retro de cuidada ambientación y fácil digestión donde todo está ordenado y cada uno ocupa el lugar que le corresponde (un lugar que rara vez ha elegido). Es la belleza del *kitsch*.

Cuando visito Santander ya no suelo ir al Sardinero, aunque me gusta recorrer la senda costera que lleva hasta el faro bordeando el parque de Mataleñas. Para tomar esa senda atravieso el parque de Mesones, que se extiende delante de la segunda playa –no conozco una playa urbana mejor que la Segunda del Sardinero; es espaciosa, la arena es muy fina y, sobre todo, los árboles forman una pantalla que te hace olvidar que estás en una ciudad–. Al cruzar el parque intento distinguir, entre los plátanos y los tarays, el color de la bandera de los socorristas, y si es verde, me alegro. Debe de ser algún tipo de reflejo regresivo. De niños, nuestra banda de primos y hermanos competía por ver quién era el primero en anunciar de qué color era aquella mañana la bandera. Con bandera amarilla nuestros

padres no nos dejaban meternos en el agua. Si era roja, más valía volverse a casa, pues ni siquiera estaba permitido –al menos para nosotros– acercarse a la orilla. Con la verde todo era lícito. Con esa extraña lógica hecha de entusiasmo que solo tenemos de niños, siempre nos sorprendía descubrir que había bandera verde, aunque nueve de cada diez veces tuviera ese color, y lo celebrábamos como una victoria inesperada sobre un enemigo formidable.

Nuestra verdadera patria es la infancia, escribió Rilke. La frase se ha convertido en otro lugar común, pero lo cierto es que ninguna bandera ha suscitado en mí una emoción tan intensa como la que sentía de niño al divisar la bandera verde en la torreta de los socorristas. En aquella época el Sardinero era para mí lo más parecido a unas raíces. Todas las demás había tenido que cortarlas. Mis padres eran algo así como funcionarios volantes. A los doce años, ya había tenido que cambiar ocho veces de ciudad. Pero todos los veranos íbamos a Santander. Así que el único referente estable durante mi infancia nómada fueron aquellos veraneos en el Sardinero, que se repetían cíclicamente mientras todo lo demás –ciudades, colegios, amigos– iba quedando atrás.

Michael Bell sostiene que somos nosotros quienes poblamos los lugares de fantasmas. Seguramente tiene razón. Creo que, si ya apenas voy al Sardinero, es para no encontrar fantasmas. Para no mirar la playa y vernos a mis hermanos y a mí corriendo hacia el agua. Por eso, cuando voy a Santander, me alojo en algún hostal del centro. Prefiero recorrer barrios poblados por fantasmas ajenos.

Puertochico

Desde el Sardinero se puede volver al centro de la ciudad por el túnel que conecta la zona de Las Llamas con Puertochico, aunque no le aconsejo a nadie atravesarlo a pie. Es bastante más largo que el pasaje de Peña y soporta un tráfico aún más intenso. Es, con mucho, preferible regresar por otro túnel, el de Tetuán o del antiguo «tren de Pombo» (en realidad se trataba de un tranvía a vapor), recuperado en 2022 como paso peatonal y para bicicletas.

La boca norte de este túnel se encuentra en la zona de La Cañía, muy cerca de la plaza de Italia y del palacete de Los Pinares. El túnel tiene trescientos metros de longitud. Recorrerlo es una experiencia interesante y nada claustrofóbica, pues su interior está tan bien iluminado que cuesta imaginar la angustia que debieron pasar quienes durante la Guerra Civil se refugiaban aquí de los bombardeos. En esa época hacía ya tiempo que el tranvía había dejado de funcionar. El túnel siguió usándose como vía peatonal, hasta que hacia 1970 se cegaron las bocas. No sé hasta qué punto esta infraestructura les resulta útil a los santanderinos de hoy. Cumple, con una nota añadida de nostalgia, una función análoga a la que tuvo en sus orígenes, mucho más relacionada con el ocio y el turismo que con los desplazamientos cotidianos. En la boca norte se ha excavado un falso túnel que se utiliza para exposiciones, espectáculos audiovisuales y ferias de productos alimentarios.

El túnel de Tetuán permite pasar en cinco minutos de una atmósfera tan característica como la del Sardinero a otra no menos singular, aunque muy diferente. La boca sur está en el barrio de Tetuán-San Martín. El callejero de esta zona y de sus aledaños es un reflejo del momento en que se acometieron nuevos ensanches de la ciudad, esta vez hacia el nordeste. Eran los tiempos de la Restauración borbónica y de sus aventuras africanas; de ahí los nombres de Alhucemas, Tetuán o Subida al Gurugú, y los de personalidades como Canalejas, Castelar o la reina Victoria Eugenia, esposa de Alfonso XIII.

93

Tetuán-San Martín fue desde mediados del siglo XIX un pequeño núcleo industrial. Allí se fueron instalando fábricas, talleres de fundición y astilleros. En 1908 se construyó un dique seco que prestó servicio hasta 1989. Se edificaron barriadas obreras para alojar a los trabajadores. En esta área y en la parte más oriental del barrio de Peñaherbosa, al otro lado de la actual calle Casimiro Sainz, se asentaron también los pescadores desplazados hacia el este por el ensanche burgués.

En su fachada marítima, la zona recibe el nombre de Puertochico, por la pequeña dársena que se habilitó hacia 1870 para embarcaciones pesqueras en el extremo oriental del Muelle. Sobre ella se construyó mas tarde una plaza que llevó durante una década el nombre del periodista y poeta José del Río. Entre 1882 y 1897 se construyó una nueva dársena más grande y de mayor calado. Aunque se la denominó oficialmente dársena de Molnedo, por el arroyo que allí desembocaba, siguió siendo conocida como Puertochico. Ahora el nombre de José del Río lo lleva el espigón que cierra esta dársena.

A partir de 1895 se empezó a urbanizar en Puertochico lo que luego serían las calles de Castelar y Juan de la Cosa. En Castelar se construyeron durante las dos primeras décadas del siglo XX imponentes edificios, como el del Banco Vitalicio. Con todo su empaque monumental, sus cúpulas, balcones y miradores, en realidad estos edificios eran casas de vecindad, bloques de pisos destinados en buena parte al alquiler, eso sí, por parte de inquilinos acomodados. La calle Castelar fue una nueva área de expansión burguesa, una prolongación del paseo de Pereda. Ya hemos visto antes que ese ambiente burgués se sigue conservando. Con ese ambiente coexistió durante algún tiempo otro muy distinto.

Puertochico representó en su día, para algunos, una molestia; para otros, uno de los mayores encantos de la ciudad. «Todos los pueblos», escribía José del Río en 1931, «tienen sus barrios o sus rincones populares y sus zonas suntuosas en que imponen su sello las aristocracias. Lo que no tienen es la bizarra aglomeración de Puertochico». El periodista se deleitaba con el abigarrado contraste que allí se producía entre «lo popular» y «lo más nuevo y pretencioso». Delante de las soberbias casas de Castelar, las comadres remendaban las redes o jugaban a la brisca; otras transportaban el pescado en capachos sobre su cabeza, interrumpiendo el tráfico de automóviles hacia el Sardinero. Había gritos, riñas, «niños descalzos haciendo diabluras» y sardinas y besugos coleando junto a las relucientes carrocerías de los coches de lujo. Por aquel tiempo ya empezaba a hablarse de llevar el puerto pesquero a Maliaño. Se aducían motivos estéticos y de higiene. Del Río comprendía esas razones, pero también creía que el día en que no pudiera contemplarse semejante espectáculo, las casas de Castelar perderían la mitad de su interés. El espectáculo llegó a su fin con la construcción del Barrio Pesquero, y si las casas de Castelar perdieron algo no fue, desde luego, valor inmobiliario. Hoy son las más caras de Cantabria.

A Del Río le sorprendía que en aquel barrio, «el más rico del pueblo», estuvieran las tabernas y figones más viejos de la ciudad. Ya que no la pesca, el barrio ha conservado al menos esa tradición. En Tetuán y Peñaherbosa no quedan viejas tabernas y figones, pero sí sus herederos directos, bares y restaurantes, algunos muy veteranos, especializados en pescado. Vale la pena interrumpir la deriva por Santander para visitarlos.

Hay en la calle Castelar otro edificio, construido en el mismo año en que Del Río escribió su artículo sobre Puertochico, que bien hubiera podido constituirse en emblema de la ciudad: el edificio Siboney. Con sus esquinas redondeadas, sus balcones que parecen bordas de un barco, sus torretas cilíndricas y sus ventanas de ojo de buey, recuerda a un transatlántico. No es la única muestra santanderina de la arquitectura náutica, un estilo racionalista con influencias del expresionismo y del *art déco*. También se incluyen en esta corriente el Club Marítimo, construido al otro lado de la dársena de Puertochico; la diminuta y preciosa caseta de los Prácticos del Puerto, al final de la misma dársena, o la escuela de vela Isla de la Torre, frente a la playa de La Magdalena. Pero el edificio Siboney supuso la irrupción en la arquitectura doméstica —es un bloque de viviendas, también destinadas en su día al alquiler— de un estilo que resultaba llamativamente moderno, incluso rompedor en una ciudad muy tradicionalista. A mí es el edificio que más me gusta de la ciudad.

Cuenta José del Río que a aquella casa de «líneas exóticas y vivos colores» la gente empezó a llamarla «El desfile del amor», por el título de una película de Ernst Lubitsch. La razón era que un buen número de parejas recién casadas había ido a vivir allí, en unas casas que eran, por su arquitectura, «como una promesa del futuro». El periodista anticipaba que de aquellas nuevas familias saldría «la generación que ha de hacerse cargo del futuro», una generación que nacería «en un ambiente más propicio, con luz y con grandes ventanales abiertos al azul». A mí el edificio Siboney me sigue pareciendo moderno, luminoso, alegre y optimista, por más que el futuro que anunciaba –un futuro que se empezó a construir en 1931, el mismo año en que se terminó el edificio– se frustrara cinco años después.

Bajo el signo de Mercurio

Desde Puertochico continuaremos nuestra deriva por Santander adentrándonos en el barrio que se fue construyendo tras las Casas del Muelle. Para ello podemos tomar cualquiera de las calles paralelas al paseo de Pereda: Ataulfo Argenta —antigua calle de Calderón—, Hernán Cortés o Peñaherbosa.

El interior del ensanche constituye otro de los ambientes característicos de Santander. Al caminar por sus calles se aprecia su trazado reticular, que sigue el patrón marcado por las manzanas del Muelle. El orden que aquí se advierte contrasta con la entropía urbanística de otras zonas de la ciudad. El barrio se articula en torno a dos plazas, la de Pombo y la de Cañadío.

Inicialmente se había previsto construir una plaza central porticada, pero en el espacio destinado a ella se levantó en 1842 el mercado del Este. Fue una de las primeras galerías comerciales de España, al estilo de los pasajes parisinos; una construcción con estructura de madera, y no metálica, como luego sería usual en este tipo de edificios. A finales del siglo XX sufrió un lamentable abandono. Salvado *in extremis* de la demolición y restaurado en 2000, conserva sus muros perimetrales, con una nueva estructura de madera y un suelo enlosado réplica del antiguo. La función original del edificio se ha desvirtuado y ahora aloja bares un tanto apastichados y tiendas de regalos y *delicatessen*. En una peregrinación por la ciudad que al parecer no ha concluido, en sus bajos se instaló en 2013 el Museo de Prehistoria y Arqueología de Cantabria.

En las casas más antiguas de esta parte del barrio se advierten una sobriedad y una austeridad análogas a las de las primeras del Muelle. Las más notables son las de la calle Pedrueca, de finales del siglo XVIII, reformadas a comienzos del XX en estilo regionalista; la de los Arcos de Dóriga, frente a la entrada principal del mercado del Este, y la de los Arcos de Botín, en la plaza de Pombo, ambas construidas en las primeras décadas del siglo XIX.

En otras calles del ensanche las edificaciones son también bastante sobrias, con fachadas lisas solo interrumpidas por balcones y miradores. La austeridad y la sobriedad se abandonaron en dos edificios con pretensiones monumentales y aristocráticas. La casa-palacio de Juan Pombo (1875), en la plaza que lleva también el nombre del destacado capitán de empresa, es de inspiración clásica y barroca, con columnas de largo fuste en la fachada principal y curiosos chapiteles en forma de alminar en las esquinas.

Muy cerca se levanta el edificio del Banco Mercantil, de 1903. Sus promotores buscaron el mismo efecto de distinción que poco antes había pretendido la alta burguesía santanderina en las últimas casas del Muelle. El bloque se retranqueó, para hacerse más visible, y se realzó en altura con cuatro torretas rematadas por cúpulas en las esquinas. La fachada es todo un alarde decorativo. Flanqueando la entrada principal hay sendas estatuas de Mercurio y del Comercio, algo redundantes, pues la primera ya es por sí misma emblema de la actividad mercantil. A mí la monumentalidad de estos dos edificios me parece un tanto pretenciosa, en contraste con la decorosa sobriedad de las casas del entorno. En realidad, más que expresar una pretensión, proclaman un logro: el ennoblecimiento del crédito y del comercio santanderinos. En 1872 el rey Amadeo I había nombrado marqués a Juan Pombo Conejo. No fue el único comerciante santanderino ennoblecido.

La casa-palacio de Juan Pombo conforma el borde occidental de la que acabó siendo plaza central del ensanche, a espaldas de las casas del Muelle. También iba a ser una plaza porticada, aunque solo la casa de los Arcos de Botín conserva los soportales. Esta plaza podría llamarse «de los muchos nombres», pues cuando se proyectó iba a llevar el de plaza de la Constitución. Después fue sucesivamente plaza de Isabel II, de la Libertad y de José Antonio Primo de Rivera. Más bien escépticos ante los turbulentos vaivenes de la historia contemporánea, los santanderinos optaron por referirse a ella como «la Plazuela». Hoy es la plaza de Pombo.

José del Río cuenta en un artículo dedicado a ella que también se la llamó plaza de Mercurio. Por la proximidad de la antigua sucursal del Banco de España, la plaza funcionaba como un ágora bursátil. Sus bancos eran lugar de descanso e intercambio de información para accionistas e inversores. La plaza de Pombo fue en un tiempo lugar de buen tono y paseo elegante. Hoy es uno de los pocos espacios públicos donde todavía juegan los niños. En los soportales de los Arcos de Botín se puede tomar un café excelente y visitar una buena librería, Gil.

La plaza de Cañadío está justo detrás de la manzana que ocupan los Arcos de Botín. Tiene forma de media luna. En ella se levanta la iglesia de Santa Lucía. Este templo desempeñó una función vertebradora del ensanche. El historiador del arte Luis Sazatornil la considera una «auténtica joya de la arquitectura religiosa nacional». La iglesia es obra del arquitecto Antonio de Zabaleta, uno de los principales introductores del romanticismo en la arquitectura española. Para proyectarla, Zabaleta se inspiró en modelos renacentistas y paleocristianos. También son obra suya el mercado del Este y la casa de los Arcos de Botín.

Cañadío era a finales del siglo XVIII una zona de marismas y cañaverales, de ahí el nombre de la plaza. En 1786 Antonio del Campo, otro capitán de empresa santanderino, instaló allí una fábrica de cervezas. Su «patriotismo industrial» fue reconocido una década después con la concesión del título de conde de Campogiro. En su libro *Del Muelle a Cañadío*, María del Carmen González Echegaray cuenta que «al pie mismo de la fábrica, las cajas de botellas esperaban la llegada de los barcos que habían de llevarlas hasta la lejana América».

Detrás de la iglesia de Santa Lucía, en la curva de la Media Luna (calle Gómez Oreña) está la antigua casa de Francisco Sayús, industrial de origen francés que tuvo una actuación destacada durante la Guerra de la Independencia. La casa, que entonces sirvió de hospital, sigue en pie. En sus bajos se instaló a principios del siglo XX una cooperativa de venta de vinos a granel, La Conveniente. Desde hace varias décadas funciona ahí, con el mismo nombre, un restaurante con aire de bodega. De niños, mis padres nos llevaban a mis hermanos y a mí a La Conveniente para cenar sus famosos fritos. Un pianista con rostro muy serio amenizaba la cena. Los clientes que esperaban mesa formaban una larga cola que se adentraba en el local. No hace mucho fui a tomar un vino en la barra, que me parece muy bonita. Seguía formándose la misma cola y había un nuevo pianista, aunque subido a una especie de altillo. Supongo que los dueños han querido ganar espacio para otra mesa.

Además de industriales, Francisco Sayús y el conde de Campogiro eran armadores. Sus flotas se dedicaban al comercio y también al corso. Este último era, a finales del siglo XVIII, un negocio legal muy lucrativo e incluso respetable. El propio Consulado del Mar contaba con embarcaciones corsarias. No era una actividad privativa de Santander; llevaba siglos practicándose en todos los puertos del Cantábrico. Los de Vigo y San Sebastián eran los más activos.

Espigando nombres de barcos en el estudio de Fernando Barreda sobre los corsarios de Santander me ha llamado la atención el que tuvo la fragata *Dos Hermanos* antes de que uno de los bergantines de Sayús la apresara a los ingleses. Se llamaba *Speculation.* Me parece un nombre muy poético; seguro que a los corsarios de hoy les resultará muy inspirador para navegar por los mercados financieros e inmobiliarios.

Un poco más abajo de La Conveniente, también en la Media Luna, se encuentra el Ateneo Popular, proyectado en 1935 por el arquitecto santanderino Deogracias Mariano Lastra. El edificio, de estilo racionalista y radical modernidad –en su día fue calificado de «cubista»– es una muestra de las avanzadas concepciones artísticas, y también sociales y políticas, que coexistían con otras más tradicionalistas en el Santander inmediatamente anterior a la Guerra Civil.

La atmósfera serena y apacible de esta unidad de ambiente santanderina se ve reemplazada al caer la tarde, sobre todo en verano, por otra más ruidosa y agitada. A esas horas Cañadío se convierte en zona de copas. Yo la frecuenté en la década de 1980. Creo que entonces había más diversidad que ahora, al menos en cuanto a público. De aquella época recuerdo especialmente las Bodegas Bringas, que tenían una clientela intergeneracional. Era habitual compartir mesa con parroquianos mucho mayores. A veces se ponían un poco pesados con sus canciones, pero charlar con ellos siempre era agradable. Por aquel entonces en los bares de Cañadío coincidías con gente de todo pelaje. Tengo la impresión de que ahora su clientela es más homogénea. La integran sobre todo las cohortes más jóvenes de eso que algunos llaman «españoles de bien». El peculiar ambiente que esta clientela ha instaurado en la zona se difumina un poco al llegar a Peñaherbosa. En esta calle hay buenos sitios para tomar un vermú solera (El Solórzano), unas albóndigas de sarda (La Jara), una ración de queso de Tresviso o un cocido lebaniego o montañés (Bodega Fuente De).

El ensanche no ha sido inmune a la homogeneización gastronómica impuesta por la globalización. Mercurio también es el dios de los que cruzan fronteras. Aquí, como en todas partes, hay sushi, gyozas y teriyaki. Personalmente, si se trata de recurrir a productos foráneos, prefiero la sidra normanda de La Cigaleña o el calvados del Bar del Puerto. Me parece que riman mejor con esta ciudad y con su puerto, su clima y su historia.

A merced del viento sur

Quien visite Santander entre septiembre y mayo probablemente tendrá ocasión de toparse con el viento sur. Si se asoma a la bahía, observará que este viento cálido y seco ha encrespado unas aguas por lo general tranquilas y ha barrido las nubes; la atmósfera se ha vuelto más transparente, las montañas parecen más cercanas y su perfil se recorta con mayor nitidez.

La última vez que me encontré con el viento sur fue a mediados del otoño pasado. Era una espléndida y desolada mañana de domingo, con el cielo azul y las calles casi desiertas, sin más movimiento que el revolotear de las hojas caídas. Subí por Duque de Santo Mauro hasta el paseo de Pérez Galdós. Al llegar a lo alto de la cuesta empecé a sudar y sentí que me dolía un poco la cabeza. El día anterior había trasnochado y esa mañana me había levantado con una ligera resaca. Un santanderino probablemente hubiera achacado esos síntomas a la surada.

En esta ciudad, atribuir al viento sur efectos nocivos sobre la salud o el carácter es un lugar común atmosférico muy socorrido. Lo explica el escritor José Ramón Saiz Viadero en su *Guía sentimental de Santander*: «Se asegura que el viento sur es el fenómeno meteorológico que más estragos causa en el carácter de la población local, y ello puede ser verdad porque los tipos y las costumbres de los ciudadanos se transforman los días que sopla esta suerte de ábrego, modificador de conductas y pautas de comportamiento. Entonces todo aparece como trastornado y todo se justifica con la subida o bajada de presión, con el golpeteo en las sienes del aire caliente». Al viento sur se le atribuyen efectos todavía mas nefastos. En su novela *Ahogada en llamas*, Jesús Ruiz Mantilla lo acusa de arrancarles las ganas de seguir viviendo a aquellos a quienes sorprende con la guardia baja. Según José del Río, cuando el sur sopla en la calle los santanderinos piensan en suicidios y crímenes.

Si el viento sur genera lugares comunes, también puede desbaratarlos. Su soplo huracanado, afirma Del Río, aventa las ideas y

hace que la gente se quede sin nada que decir. «El viento sur les ha vaciado la papelera de los tópicos y lugares comunes».

En Santander al viento sur siempre se le ha tenido mucho respeto. Los portales de las casas de Calderón de la Barca, cuenta Simón Cabarga, eran «accesorios»; los verdaderos no daban a esa calle, sino a la de Méndez Núñez. «Esta característica venía obligada por la necesidad de mantenerse asubio de los fuertes embates del viento Sur, con una ordenación diametralmente opuesta a la que rigió las construcciones del Muelle, de las que los arquitectos habían recogido la experiencia» («asubio» es una bellísima palabra cántabra; significa a resguardo del viento o de la lluvia). Ya sabemos que los días de sur ocasionaban cuantiosos desperfectos en los almacenes de las calles del Muelle. Esos días lo más conveniente era acceder a lonjas, despachos y viviendas por los portales menos nobles, que daban a la calle trasera.

«La persistencia del viento sur», escribe Saiz Viadero, «que a veces se instala en la ciudad durante una semana de cualquier época del año, es una pequeña catástrofe local». El sur también ha provocado catástrofes mayores. «El viento Sur tiene una historia trágica de incendios», escribía José del Río en 1935.

«Hace algunos años cuando soplaba furioso, las pobres gentes echaban a temblar. Porque raro era el día de viento que no coincidía con algún incendio que ha dejado una huella negra en la historia santanderina». La huella más negra, completamente devastadora, la dejaría seis años más tarde un incendio que encontró su mejor auxiliar en el viento sur.

El 15 de febrero de 1941 el viento sur sopló en Cantabria con una intensidad inusitada. Las rachas llegaron a alcanzar los ciento cuarenta kilómetros por hora. Esa noche se produjo un incendio en la calle Cádiz. No se sabe con certeza cuál fue su origen: según algunos testimonios, una chimenea obstruida en una pensión; según otros, un cortocircuito en una panadería. El viento avivó las llamas y las propagó por todo el casco viejo. El deterioro de los edificios, sus estructuras de madera y lo angosto de las calles favorecieron su rápida propagación. Para frenarla fue preciso recurrir al uso de explosivos. No se logró extinguir el incendio hasta tres días después de su inicio. Solo hubo una víctima mortal, pero la Puebla Vieja y la Puebla Nueva quedaron completamente arrasadas. De la villa medieval únicamente se salvaron los antiguos arrabales. Desaparecieron decenas de calles, unos cuatrocientos edificios y el noventa por ciento de los comercios de Santander. Una décima parte de la población de la ciudad perdió su hogar y más de siete mil personas se quedaron sin trabajo.

Las atmósferas y los ambientes tienden a conservarse, aunque sea adulterados. Sólo desaparecen si lo hacen los edificios y las personas de los que emanan. Apenas queda nada de la atmósfera que caracterizó el viejo Santander, la ciudad anterior al siglo XVIII. Casi todos sus edificios ardieron en el incendio o fueron demolidos, y sobre sus cenizas y sus escombros se construyeron otros. Un nuevo trazado borró las viejas calles y sus habitantes fueron desplazados a otras zonas de la ciudad y reemplazados por otra gente. De las nuevas calles y edificios, de los nuevos habitantes y transeúntes dimanó una nueva atmósfera, muy distinta en su composición de la que antes envolvía el lugar.

La surada de aquella noche de invierno de 1941 debía de estar emparentada con el famoso «vendaval de Schumpeter», el incesante proceso de destrucción creativa que el economista austriaco identificó como esencia del capitalismo. Pues a la destrucción del casco antiguo de Santander no le siguió su reconstrucción –salvo en el caso de la catedral y de algún otro templo– sino la creación desde cero de un nuevo centro urbano en una operación que generó cuantiosos beneficios para unos pocos. Se desmontó buena parte del cerro de Somorrostro; se abrieron nuevas calles, como la de Calvo Sotelo, avenida principal de Santander, y se dotó de un nuevo trazado, mucho más ancho y ordenado, a otras preexistentes, como Juan de Herrera, Lealtad o Isabel II.

Desde la prensa local, el gobernador civil había propugnado que Santander aprovechara el suelo liberado por las llamas para hacer de la vieja puebla «el más elegante barrio de cualquier capital del norte», una suerte de barrio Salamanca del Cantábrico. Ese ideal se consiguió con la desaparición de los pequeños comercios, talleres y tabernas, el traslado a la periferia de las familias de obreros y artesanos que hasta entonces habían vivido en el centro y la llegada de profesionales, funcionarios y familias de clase media-alta. Se abrieron tiendas modernas y oficinas de bancos y aseguradoras. Un contingente importante de los nuevos habitantes –la cuarta parte de su población activa– lo integraban las mujeres empleadas en el servicio doméstico.

A mí las calles del centro de Santander me gustan, aunque no las definiría como elegantes. Son, sobre todo, calles comerciales. Me parece que edificios como los de La Polar, La Equitativa o el Banco Hispano Americano –los tres están en la avenida de Calvo Sotelo– tienen mucho empaque, en el sentido que recoge el diccionario (seriedad, gravedad con algo de afectación). Estudiosos de la arquitectura santanderina hablan de un urbanismo grandilocuente y de la impresión opresiva que transmiten estas calles y califican estos espacios de ampulosos y escenográficos. Creo que es precisamente esa grandilocuencia y ese carácter escenográfico lo que explica que las desmesuradas manzanas y los hipertróficos edificios del centro de Santander me gusten tanto. Seguramente no me agradaría vivir en uno de ellos –a veces me pregunto si estarán habitados; hay muchas persianas bajadas permanentemente–, pero como decorado me resultan muy sugerentes, sobre todo por la noche. Y lo que me sugiere este decorado, tan afín a ese *kitsch* de lo sublime propio de los regímenes totalitarios, es que me muevo por un escenario distópico, una especie de *Blade Runner* neoliberal y castizo, con edificios corporativos festoneados de franquicias y rematados por pináculos herrerianos. En cuanto a la hipertrofia de las edificaciones, fue el resultado de una constante transgresión

de las ordenanzas sobre altura y número de plantas (Rodríguez Llera, 2003). Los promotores recurrieron sistemáticamente al retranqueo para levantar áticos y torretas y alcanzar hasta seis alturas más de las permitidas. Las plusvalías que muy cerca se ganaron al mar aquí se obtuvieron del aire.

Del vacío que el incendio creó en el pintoresco casco antiguo de Santander surgió otro vacío también pintoresco, no en el sentido de característico o singular, sino en una acepción más antigua de este adjetivo, la de algo que remite a la pintura. A mí la Plaza Porticada de Santander no me hace evocar las fantasías neoimperiales de sus promotores, coronadas también aquí por pináculos, sino algunos cuadros de Giorgio de Chirico, sus paisajes metafísicos de plazas y soportales habitados solamente por estatuas y maniquíes.

Con la Porticada, o plaza de Velarde, se quiso dotar a Santander de una plaza mayor, de un espacio representativo en el que se levantaron el Gobierno Civil, el Gobierno Militar, la Delegación de Hacienda –el edificio preexistente, la Real Aduana, actuó como cortafuegos en el incendio y evitó que las llamas se extendieran hacia el ensanche del Este– y la Cámara de Comercio. En su lado norte se planeó construir el Ayuntamiento, aunque finalmente se edificó la Caja de Ahorros. En el lado opuesto, la plaza se abre a la avenida de Calvo Sotelo y al viento sur.

La Plaza Porticada estuvo abierta al tráfico y sirvió como aparcamiento. Su función representativa más destacada la cumplía en verano. Desde 1952 hasta 1990 acogió los espectáculos y conciertos del Festival Internacional de Santander. Entonces, este vacío «lóbrego y gris», calificado ya en el momento de su construcción como «desierto de piedra», se convertía en un espacio acogedor. La plaza se hizo peatonal en 2006. Ahora el vacío se intenta llenar con un par de terrazas, exposiciones, ferias de artesanía y, en invierno, una pista de patinaje sobre hielo. Intuyo que más allá del deseo de hacer negocio, tras estas iniciativas subyace un intenso horror al vacío y a su belleza, esa belleza que percibimos en los cuadros de Chirico, en sus plazas desiertas donde nunca pasa nada y, precisamente por eso, todas las posibilidades están abiertas. No sé si las posibilidades de la Plaza Porticada aumentarán cuando se transforme, como está previsto, en un espacio cubierto. Puede que se convierta en una galería comercial, en una prolongación de las calles que en ella desembocan donde además sucederán «eventos» programados. O quizá seguirá siendo ese lugar de paso donde los días soleados uno tiene la impresión de que quienes lo atraviesan acaban disolviéndose en la sombra de los arcos. En cualquier caso, en esta plaza a merced del viento sur nunca vivirá nadie.

Postales de Santander

En 2011 la protesta de buen número de santanderinos obligó a desplazar cien metros la ubicación del centro de arte que iba a empezar a construirse en el lugar más conspicuo del frente marítimo de la ciudad, delante de los jardines de Pereda. El proyecto inicial implicaba trasladar una antigua grúa portuaria. Sus promotores seguramente no habían previsto la airada reacción ciudadana. A los santanderinos no les gusta que les toquen los símbolos, y la Grúa de Piedra es uno de los más queridos.

El origen de esta grúa es foráneo. Sus piezas se construyeron en Liverpool y se montaron en 1900 en el muelle de Maura, que entonces era de madera. Debido al enorme peso de la Machina —«machina» es una antigua denominación de las grúas portuarias; por extensión, en Santander esta palabra acabó designando también los muelles– hubo que instalarla sobre una base de piedra asentada en el lecho marino. Aunque su procedencia fuera extranjera, la Grúa de Piedra ha acabado convirtiéndose en icono de Santander por derecho propio. Un venerable antepasado suyo ya aparece en la que durante mucho tiempo ha pasado por ser la primera representación de la antigua villa portuaria, un grabado incluido en el segundo tomo del *Civitatis Orbis Terrarum* de Georg Braun (1571). Una vez decidido que no se la movería de su sitio, a la heredera de aquella grúa primigenia se la ha exaltado como símbolo de la ciudad y seña de identidad de sus habitantes. Todo icono que se precie no solo ha de ser inmediatamente identificable, sino también fácilmente reproducible. Quienes visitan Santander pueden llevarse como recuerdo grúas de piedra serigrafiadas, impresas en tazas o estampadas en camisetas, aunque lo más común es que prefieran el icono genuino y lo usen de fondo para un selfi.

La Grúa de Piedra comparte línea de muelle con dos edificios muy bellos que también podrían aspirar al título de icono de Santander, si bien la función y los significados asociados a cada una de estas construcciones son muy diferentes. La Grúa de Piedra fue

una colosal herramienta de trabajo. El Club Marítimo, en cambio, siempre ha sido un lugar para el ocio y la socialización de las clases altas santanderinas. Es una construcción muy singular, un palafito de hormigón unido al muelle por una pasarela, como un barco. Podríamos verlo como un epítome de la ciudad burguesa ganada al mar. Así debieron de verlo los manifestantes que en agosto de 1932 asaltaron e incendiaron el primer Club Marítimo en airada protesta contra el fallido golpe de estado del general Sanjurjo. El actual se construyó tres años después.

En cuanto al otro edificio, el Palacete del Embarcadero, se proyectó inicialmente para uso de la familia real durante sus estancias veraniegas. Cuando se inauguró, en 1932, España se había convertido en república, así que empezó a prestar servicio como estación marítima para plebeyos. Después tuvo diversos usos, hasta que en 1985 se acondicionó para sala de exposiciones. Es un edificio muy bonito, de estilo ecléctico, con torretas rematadas por pináculos en tres de sus esquinas y un porche en la cuarta, que da al mar. El hecho de que la Autoridad Portuaria de Santander lo haya elegido para su logotipo ratifica su idoneidad como icono.

Pero el mayor competidor de la Grúa de Piedra como icono de Santander es, desde 2017, el centro de arte que estuvo a punto de desalojarla de su secular emplazamiento. En realidad, la vocación emblemática del Centro Botín precede al menos seis años a su inauguración. Ya en 2011, cuando se dio a conocer el proyecto, se lo calificó de icono de la ciudad, de la cultura y el progreso. Puede que se trate de una profecía autocumplida. En cualquier caso, la vocación de este centro de arte no es meramente icónica. De él se esperan muchas cosas, quizá más de lo que pretendían sus promotores. Se lo ha comparado con una «nave espacial», con un «objeto cósmico» que permitirá a los santanderinos conectarse con el mundo. Ha alentado la ambiciosa esperanza de que obre «un efecto transformador milagroso como el que consiguió Bilbao con el Guggenheim». Ignoro si esa expectativa se está cumpliendo; lo que resulta palmario es que el Centro Botín ha transformado el frente marítimo de Santander. Esa transformación tiene muchos defensores y, al parecer, cada vez menos detractores.

También se espera de este centro de arte un efecto llamada análogo al que ejerció hace cien años el palacio de La Magdalena. Si este sirvió en su día como reclamo para veraneantes, el Centro Botín atraerá turistas. Según datos de 2022, de cada diez personas que pasean por los espacios exteriores del Centro Botín, dos entran a ver las exposiciones. Al resto parecen atraerlo más la azotea, las pasarelas que conectan los dos volúmenes del edificio y el trampolín voladizo que se proyecta sobre el agua, pues ofrecen magníficas vistas de la bahía y de zonas de la ciudad que es imposible contemplar a ras de calle. Aquí, como ante la Grúa de Piedra, también se prodigan los selfis.

Tengo la impresión de que edificios como el Centro Botín cumplen una función semejante a la que en el pasado desempeñaron iglesias y catedrales. Son templos culturales. Visitarlos es casi un deber y, a veces, un acto de fe. La gracia que en ellos se dispensa consiste fundamentalmente en entrar en comunión con el resto de la cola. Del mismo modo que las catedrales se situaban bajo la tutela y el patrocinio de una virgen o de un santo, en el templo cultural santanderino, especializado en la acumulación de capital humano, se rinde culto a la creatividad y a la educación emocional, advocaciones de una visión neoliberal de la educación comprensible si tenemos en cuenta quiénes son aquí los patrocinadores.

No hay ciudad del norte que no aspire a contar con su propio templo cultural. Es concebible que acabe estableciéndose, si es que no existe ya, una ruta de peregrinación, un nuevo Camino de Santiago que enlace el Auditorio Kursaal de San Sebastián (Rafel Moneo), el Museo Guggenheim de Bilbao (Frank Gehry), el Centro Botín de Santander (Renzo Piano), el Centro Niemeyer de Avilés (Oscar Niemeyer) y el Palacio de Congresos de Oviedo (Santiago Calatrava). Aquí, a diferencia de lo que sucedía en el pasado, los constructores de templos jamás permanecen en el anonimato.

Cuando paso junto al Centro Botín siempre veo, además de gente que hace cola para entrar o para subir a la azotea, a personas que le dan la espalda con soberana indiferencia. No creo que se trate de apóstatas ni de herejes, aunque los fieles seguramente los incluyan en el número de los tibios. Son personas que están a lo suyo, que es pescar. Para conectar con el mundo no necesitan ninguna nave espacial. Les basta con el sedal de su caña y con cambiar de vez en cuando unas palabras con quienes pescan un poco más allá.

«Santander ha pecado de haber querido ser demasiado museo», escribió José del Río hace cien años, refiriéndose a cierta tendencia a la inmovilidad estatuaria, a la quietud y al reposo, personificada en los indianos que volvían de América enfermos y cansados, sin otro deseo que sentarse en un banco y «soñar en paz a la sombra de unos árboles viejos». Pero el museo de Santander, recordaba el periodista, «es un museo de aventuras dinámicas. El indiano no existiría sin su antecedente de hombre de empresa». Hoy parece que la principal empresa dinamizadora de la ciudad consiste precisamente en la apertura de nuevos museos. El Centro Botín y el Palacete del Embarcadero no están solos en el frente marítimo. Desde 2021 las Naves de Gamazo, unos antiguos almacenes portuarios, albergan parte de la colección de arte contemporáneo de la Fundación Enaire, además de exposiciones temporales.

Pronto se les sumará, en el antiguo edificio del Banco de España, el centro asociado del museo Reina Sofía-Archivo Lafuente, con sus colecciones y fondos documentales sobre arte moderno y contemporáneo. En el Paseo de Pereda, la sede histórica del Banco Santander está siendo transformada en un espacio cultural y de ocio en el que se exhibirá la importante colección de arte del banco. Y en Puertochico, detrás de las casas de Castelar,

ya se ha empezado a construir la nueva sede del Museo de Prehistoria y Arqueología de Cantabria.

El museo más extenso de Santander lo constituye el denominado «Anillo cultural», un conjunto de recursos que museizan el pasado de la ciudad. Lo integran el Centro de Interpretación de los Antiguos Muelles, situado bajo la plaza de Alfonso XIII, junto al Centro Botín; la Ruta del Incendio de Santander, que arranca muy cerca de allí, en la calle Cádiz, donde se originó el fuego; el Centro de Interpretación de la Historia de la Ciudad, instalado en la torre de la catedral; el Centro Arqueológico de la Muralla, en la Plaza Porticada, y el Refugio Antiaéreo, en la del Príncipe. Cierra el anillo el Museo de Prehistoria y Arqueología, hasta ahora alojado en los bajos del mercado del Este.

En la década pasada, el frente marítimo incorporó como espacio público lo que antes había sido un área dedicada a la construcción naval, la zona de San Martín y Gamazo. Lo constituyen, además de las Naves de Gamazo, un impresionante dique seco construido hacia 1900 para el mantenimiento y reparación de barcos; la caseta auxiliar de bombas de achique, reconvertida en restaurante; la Duna de Zaera, almacén para embarcaciones a vela cuya cubierta conforma un graderío escalonado; las tumbonas de acero y lamas de madera de la explanada de Gamazo, orientadas hacia la bahía, y la plaza de San Martín de Bajamar. Aunque toda esta zona sea un nuevo espacio público, creo que no constituye exactamente un lugar común, o al menos todavía no ha llegado a serlo. Me parece que se inscribe en un fenómeno reciente que María Álvarez Cebrián ha detectado en las ciudades españolas: «la proliferación de espacios híbridos e indefinidos a medio camino entre la plaza, el parque o el lugar de ocio». A juicio de la investigadora, esta hibridación «eclipsa la función de los espacios libres que no acaban de generar relación, y por lo tanto identidad». En San Martín y Gamazo, la gente pasea y contempla la bahía, pues toda la zona está concebida como un amplio mirador. Por lo demás, tengo la impresión de que aquí nunca pasa nada y tampoco podría pasar, porque al diseñar este espacio probablemente se ha procurado descartar esa posibilidad.

Ni aquí, ni en el Anillo cultural, ni en el entorno del Centro Botín parece que haya mucho margen para salirse de los senderos marcados, para los encuentros inesperados, para esa improvisación que, según Kracauer, confiere valor a las ciudades. Por supuesto,

133

puedes elegir, pero siempre entre opciones predeterminadas.

Afortunadamente, Santander cuenta con lugares comunes mucho más abiertos a la improvisación. Unos quedan fuera de las rutas habituales, de las postales y los selfis. Otros son muy frecuentados y bastante fotogénicos. Puedes internarte en el barrio de Cazoña para buscar el minúsculo y precioso Cementerio Protestante. Es improbable que lo encuentres abierto, pero al menos podrás atisbar desde la reja el monumento funerario de la Legión Británica, el cuerpo voluntario que desembarcó en Santander en 1835 para ayudar a las fuerzas liberales en la guerra contra los carlistas. Puedes subir por alguna de las muchas rampas y escaleras mecánicas que conectan la parte baja de la ciudad con sus zonas altas: la calle Alta –la más castiza de Santander– y el antiguo paseo también denominado del Alta, hoy avenida del General Dávila. Puedes darte una vuelta por lo que algunos llamaron, con cierta sorna, el «Barrio Latino», donde pasó su infancia el periodista y poeta José del Río: las calles del Rubio, Gravina, Florida, Cisneros y Magallanes; sentarte en el lugar más céntrico de la ciudad, la Plaza del Ayuntamiento, y hacer la compra ahí detrás, en el animado

Mercado de la Esperanza; localizar iglesias neogóticas, perderte en el intrincado escalonamiento del barrio de Entrehuertas, pasear por la Alameda y e ir de vinos a mediodía por la calle Vargas; tomarte otro vino por la noche en el Río de la Pila, subir y bajar en el funicular y salir de copas por los pubs de la calle del Sol –échales un vistazo a los palacetes; uno de ellos, el que hace esquina con Lope de Vega, cumplió un siniestro cometido durante la Guerra Civil– o por los que flanquean las escaleras del pasadizo Zorrilla, en Santa Lucía. Y si no te asusta caminar, sal de la ciudad, sigue el sendero que bordea el parque de Mataleñas, continúa hasta que dejes atrás el faro de Cabo Mayor y llégate hasta el Panteón del Inglés para descubrir una bonita historia de amistad y un paisaje que te impresionará. Pero te estoy dando demasiadas indicaciones, como si quisiera predeterminar tus opciones, cuando lo que toca, si vas a Santander, es improvisar.

Préstamos

Hay en Santander una estatua que siempre me ha atraído, no tanto por el valor estético que pueda tener como porque veo en ella una figura familiar, semejante a las de los tíos y tías abuelas que volvía a encontrar en la ciudad cada verano. Integrarse en el paisaje no como un añadido, sino como una presencia familiar, no es la peor suerte que puede correr una estatua. En este caso la integración no ha sido difícil, pues representa a una persona que hace lo mismo que casi todos los que pasan por allí: pasea.

Está en la curva de la Magdalena, al final de Reina Victoria, la avenida que conecta la ciudad con el Sardinero. Es un lugar común y a la vez muy particular, pues tiene a la vista el Club de Tenis y el palacio que un día fue residencia real. Otro lugar común: es una de las estatuas más queridas por los santanderinos. Curiosamente, muchos ignoran a quién representa, aunque todos la nombran del mismo modo: *El Botas*. Y *El Botas* no es tanto una persona como un personaje de la mitología urbana santanderina.

A diferencia de lo que ocurre con la escultura de la rampa Sotileza, para ver esta estatua no hace falta levantar los ojos, pues está casi a ras de suelo. Cuando se erigió, en 1965, iba a colocarse sobre la hierba. El Ayuntamiento quiso realzarla con un pedestal, por eso las botas parecen tan grandes y resultan tan características. Son botas marineras, como también es marinero el chaquetón que viste. Lleva una pipa en la mano derecha y un libro en la izquierda. Botas, chaquetón y libro son los atributos profesionales de José del Río, marino, periodista y poeta.

José del Río Sainz (1884-1964) fue durante muchos años capitán de la draga *Cantabria*. De día trabajaba para mantener abierto el canal que hace posible que los buques arriben a Santander. De noche escribía. Fue articulista y luego también director de los periódicos santanderinos *La Atalaya* y *La Voz de Cantabria*. A lo largo de dos décadas publicó casi cuatro mil artículos, la mayoría firmados con un seudónimo dickensiano, *Pick*. Como con su trabajo en la draga, con su labor de

periodista José del Río dejó abierto un canal de acceso a Santander. A su historia, la de los años en que escribió y la de épocas anteriores, que a menudo rememoraba desde su tribuna. Pero mucho más que a la historia, los artículos de *Pick* nos permiten acceder a algo que no es difícil captar –todos podemos hacerlo, en mayor o menor medida–, pero sí comunicar. Del Río agrupó la mayor parte de sus artículos santanderinos bajo el epígrafe «Aire de la calle». Y eso es precisamente lo que esos artículos nos comunican: el aire de Santander, su atmósfera, el ambiente de sus calles, sus barrios, sus muelles y sus playas.

Mi paseo por los lugares comunes y atmósferas de Santander habría sido mucho más prosaico si en muchos tramos no hubiera buscado la compañía de José del Río. He tomado prestadas sus palabras de artículos publicados en *La Atalaya* en tiempos de la Gran Guerra y en *La Voz de Cantabria* durante la Segunda República. He podido localizarlos en la Biblioteca Virtual de Prensa Histórica del Ministerio de Cultura gracias al utilísimo libro de José Manuel Pastor *Leyendo a Pick* (Autoridad Portuaria de Santander, 2007)

También he tomado prestadas palabras de Álvaro Pombo (*Santander*, 1936. Anagrama, 2023), Jesús Aguirre («Santander, sitio de los vientos». *El País*, 20 de septiembre de 1984), Dionisio Ridruejo (*Castilla la Vieja 1: Santander.* Destino, 1980); Jesús Pardo (*Autorretrato sin retoques*, Anagrama, 1996), Benito Pérez Galdós (*Amadeo I. Episodios nacionales, IV.* Aguilar, 1976) y Jesús Ruiz Mantilla (*Ahogada en llamas*, Planeta, 2012).

Para diversos aspectos de la historia de Santander, de su evolución urbana y de su arquitectura, he recurrido a estas fuentes:

Barreda, Fernando (1950), *Los últimos corsarios armados en Santander* (1797-1825). Biblioteca Virtual Miguel de Cervantes.

Barreda, Fernando (1953), *La trata desde el puerto de Santander*. Biblioteca Virtual Miguel de Cervantes.

Delcroix-David, Valérie (1998), "El Sardinero (Santander): un quartier balnéaire face aux mutations immobilières". *Sud-Ouest européen*, 1, pp. 47-58. https://www.persee.fr/doc/rgpso_1276-4930_1998_num_1_1_2674

Díaz López, Javier (2014), *Elementos para un diagnóstico del sistema cultural de la ciudad de Santander*. Universidad de Cantabria.

Eguiluz, Patxi (2017), "El Centro Botin de Renzo Piano conquista Santander". *Architectural Digest España* https://www.revistaad.es/arquitectura/articulos/el-centro-botin-de-renzo-piano-conquista-santander/18912

Ferrer Cayón, Jesús (2011), *La instrumentalización política de la cultura durante el primer franquismo: la Universidad Internacional Menéndez Pelayo* (UIMP) y el Festival Internacional de Santander (FIS), 1945-1957. Tesis doctoral. Universidad de Cantabria.

González Echegaray, María del Carmen, (1980), *Del Muelle a Cañadío. Historia del primer ensanchamiento de Santander*. Bedia.

Madariaga, Benito y Valbuena, Celia (1999), *La Universidad Internacional de Verano de Santander* (1932-1936). Universidad Internacional Menéndez Pelayo.

Obregón Goyarrola, Fernando (2014I, *República, guerra civil y posguerra en Santander* (1931-1938). Edición del autor

Obregón Goyarrola, Fernando (2015), "Reseña biográfica de Ismael López Francés (1866-1971), concejal y diputado provincial por Gernika". https://errepublikaplaza.wordpress.com/2015/03/15/

Peers, Edgar Allison (2008), *Santander*. Ediciones Tantín.

Ringrose, David, (2005) *Hacia una ciudad contemporánea: Santander*, 1755-1910. Universidad de Cantabria.

Rodríguez Llera, Ramón (2003), *Pecios de arquitectura santanderina*. Universidad de Valladolid.

Saiz Viadero, José Ramón (1991), *Guía sentimental de Santander*. Júcar

Sazatornil Ruiz, L. (1996), *Arquitectura y desarrollo urbano de Cantabria en el siglo XIX*. Universidad de Cantabria/Colegio Oficial de Arquitectos de Cantabria/Fundación Marcelino Botín.

Sazatornil Ruiz, L. (2003), *Arquitectura y urbanismo desde el romanticismo a la posguerra*, en *Catálogo del Patrimonio Cultural de Cantabria. III: Santander y su entorno*. Gobierno de Cantabria, Consejeria de Cultura, Turismo y Deporte.

Simón Cabarga, José (1972), *Santander en el siglo de los pronunciamientos y las guerras civiles*. Diputación Provincial de Santander.

Simón Cabarga, José (2001), *Santander en la historia de sus calles*. Estudio.

Suárez Cortina, Miguel (1994). *Casonas, hidalgos y linajes. La invención de la tradición cántabra*. Universidad de Cantabria.

Finalmente, sobre *kitsch*, derivas, atmósferas y fantasmas he consultado:

Álvarez Cebrián, María (2006), *Teatralización urbanística y turismo cultural. Tres ejemplos del noroeste peninsular*, en *AA. VV., La multiculturalidad en las Artes y en la Arquitectura: XVI Congreso Nacional de Historia del Arte*. Anroart.

Bell, Richard Mayerfeld (1997), "The Ghosts of Place", *Theory and Society*, 26, nº 6, pp. 813-836. https://dces.wisc.edu/wp-content/uploads/sites/128/2013/08/bell-1997-ghosts.pdf

Calinescu, Matei (2002), *Cinco caras de la modernidad*. Tecnos. Traducción de Francisco Rodríguez Martín.

Chasson, Yvan (2023), "Ce que nous disent les textes situationnistes sur la psycho-géographie. À la recherche des qualités poétiques de la ville". *Flamme HS nº1 2023: Dériver en ville* https:// //www.unilim.fr/flamme/663

Kracauer, Siegfried (2018), *Bares en el sur, en Calles de Berlín y otras ciudades*. Errata Naturae. Traducción de Manolo Laguillo.

Moles, Abraham (1990), *El kitsch: el arte de la felicidad*. Paidos. Traducción de Josefina Ludmer.

Moreno Hernández, Carlos (2016), *Cursilería & Kitsch en las letras hispánicas*. Novamedia.

Ryynänen, Max (2019), "Kitsch Happens. On the Kitsch Experience of Nature," *Espes*, vol. 8, nº2. https://doi.org/10.5281/zenodo.73595474

Sadler, Simon (1999), *The situationist city*, The MIT Press.

Santamaría, Alberto (2019), *Alta cultura descafeinada*, Siglo XXI.

Thibaud, Jean-Paul (2015), *En quête d'ambiances*, MetisPresses.

Valis, Noël (2010), *La cultura de la cursilería. Mal gusto, clase y kitsch* en la España moderna. Antonio Machado. Traducción de Olga Pardo.

Mapa

1. Rampa de Sotileza y escultura *Hacia el futuro*
2. Pasaje de Peña
3. Estación unificada de ferrocarril
4. Estación de autobuses
5. Calle Alta
6. Ascensor
7. Biblioteca Central
8. Depósito de elaborados
9. Barrio pesquero
10. Plaza del Ayuntamiento
11. Ayuntamiento
12. Mercado de la Esperanza
13. La Polar
14. Banco Hispano Americano
15. La Equitativa
16. Catedral
17. Correos
18. Banco de España
19. Calle Cádiz (foco incial del incendio de 1941)
20. Monumento a las víctimas del Cabo Machichaco
21. Plaza Porticada
22. Casa de los Arcos de Dóriga
23. Mercado del Este
24. Banco Mercantil

General Dávila

San Fernando

Vargas

Burgos

Alta ⑤

② ①

③ ④

⑥

Castilla

Marqués de la Hermida

Dársena de Maliaño ⑦ ⑧

⑨

El Sardinero

Segunda playa

Jardines de Piquío

EL SARDINERO

Primera playa

El Camello

Duque de Santo Mauro

Pérez Galdós

Reina Victoria

La Magdalena

25. Casas de Pedrueca
26. Casa de Sayús (La Conveniente)
27. Iglesia de Santa Lucía
28. Casa de los Arcos de Botín
29. Casa Palacio de Juan Pombo
30. Plaza de Pombo
31. Casas del Muelle
32. Centro Botín
33. Grúa de piedra
34. Palacete del Embarcadero
35. Club Marítimo
36. Banco Vitalicio
37. Edificio Siboney
38. Caseta de los Prácticos
39. Dique seco y caseta de bombas
40. Duna de Zaera
41. Naves de Gamazo
42. El Solaruco
43. Túnel de Tetuán
44. Hotel Real
45. El Promontorio
46. Cuesta de las Viudas (calle Arquitecto Javier González de Riancho)
47. La Casuca
48. Estatua de José del Río
49. Escuela de Vela Isla de la Torre
50. Caballerizas
51. Palacio de La Magdalena
52. Los Pinares
53. Casino
54. Plaza de Italia
55. Gran Hotel
56. Parque de Mataleñas

Notas

El autor

Ignacio Alonso (León, 1966) es antiguo veraneante en el Sardinero y visitante ocasional de Santander. Con el seudónimo Federico Villalobos ha publicado varias novelas y traducciones, algunas de estas últimas en Ediciones Traspiés.

Índice

Más libros de viajes

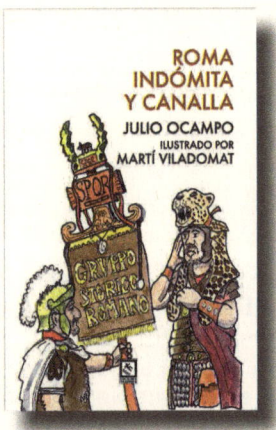

Roma
Indómita y canalla
Julio Ocampo
Ilustrado por
Martí Villadomat

Roma insólita es un modo distinto de asomarse a la Ciudad Eterna. Teniendo en cuenta que las visiones de la ciudad son inagotables, que sus tesoros no se acaban nunca, este libro nos propone conocer rincones ocultos, personajes originales y huellas significativas de la ciudad.

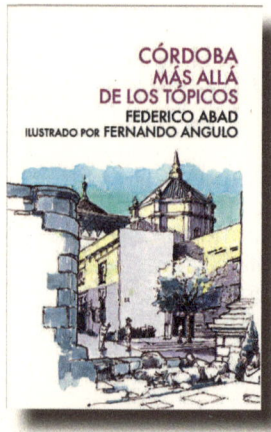

Córdoba, Más allá de los tópicos

Federico Abad
Ilustrado por
Fernando Ángulo

El recorrido de "Córdoba, más allá de los tópicos" comienza mil años antes de nuestra era, y termina en el siglo veinte. Tres mil años de historia palpitante. A través de una mirada sagaz y bien documentada, su autor crea un ambiente que envuelve al lector y le transporta a las callejas de una ciudad que parecer tener conciencia de sí misma. El dato exacto y el comentario acertado hacen de este libro un volumen necesario para quienes quieran conocer a fondo la ciudad, sin perderse en disquisiciones. A la Córdoba romana sucede la Córdoba califal, y posteriormente la cristiana, pero sin que la ciudad deje de ser ella misma. Es como una transformación continua, sin rupturas radicales, como un querer convertirse en lo que ella misma, y el tiempo, consideran oportuno.

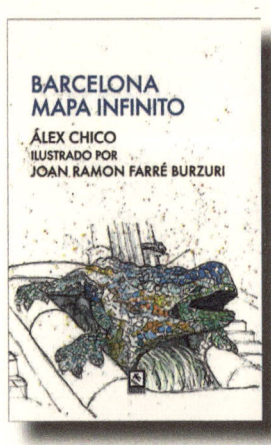

Barcelona
Mapa infinito
Álex Chico
Ilustrado por
Joan Ramon Farré B.

Una ciudad se pierde si alguien no la escribe.
La frase de Italo Calvino podría resumir la ac-
titud de Alex Chico al enfrentarse a Barcelona,
pues a partir de ella inicia un rescate literario
y emocional de la que considera su ciudad. Y
es que cada rincón de la urbe, cada calle, cada
monumento, ofrece una posibilidad literaria, como
si toda ella floreciese cuando el escritor sabe
observarla. Alex Chico conoce bien Barcelona
y puede decirse que se ha dedicado a ella en
cuerpo y alma durante mucho tiempo. Pero eso
no es para él ninguna garantía, sino un nuevo
acicate para intentar conocerla mejor, para
acercarse más a sus gentes, para disfrutar otra
vez de sus escritores, para dejarse llevar por el
vagabundeo entre sus calles.

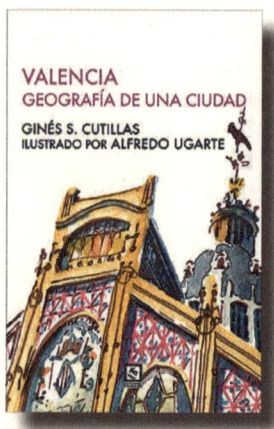

Valencia Geografía de una ciudad

Ginés S. Cutillas
Ilustrado por
Alfredo Ugarte

Existen muchas Valencias: la estudiantil, la gastronómica, la de la huerta, la marinera, la nocturna, la alternativa, la inmigrante, la intelectual... Pero por encima de todas ellas destacan dos: la habitada por aquellos que nunca abandonaron sus lindes y otra, habitada en ausencia, por aquellos que se vieron obligados a abandonarla.

Ginés S. Cutillas vuelve a su ciudad natal en una suerte de geografía personal, con mirada renovada gracias a la distancia y al tiempo, para explicar el pulso de la urbe a quien se acerque a ella por primera vez y a aquellos que la habitan.

Valencia. Geografía de una ciudad rememora rincones de una Valencia que ya no existe y que, sin embargo, definen la ciudad que hoy conocemos.

Berlintopía
Alberto Llamas
Ilustrado por
César Pigino

Berlintopía es una incursión en el alma de una de las grandes capitales de Europa. Huyendo de los lugares comunes, este cuaderno de viaje nos sumerge en la verdadera forma de ser de la ciudad. Al margen de los grandes museos y las avenidas suntuosas de la capital imperial, el libro nos muestra el Berlín de sus habitantes, diversos y heterodoxos. Edificios ocupados, antiguos búnkeres de la época nazi, salas de exposición y cualquier espacio donde se muestre la contracultura, el Berlín que ha sido meca del arte y la innovación.

Madrid, el viaje soñado

Texto e ilustraciones
Paula Lapido

A lo largo de estas páginas circulan, cada uno por su Madrid, varios personajes que habitaron la ciudad en diferentes momentos del tiempo y se volvieron, a su modo, madrileños. El Madrid que ellos conocieron se entrelaza con el actual en un mapa de capas translúcidas compuesto de lugares que todavía permanecen y otros que ya no existen. Porque Madrid, sobre todas las cosas, está hecho de las gentes que vinieron para quedarse y de los que lo siguen haciendo cada día. Un caleidoscopio de historia, recuerdos y futuro, en continuo movimiento.

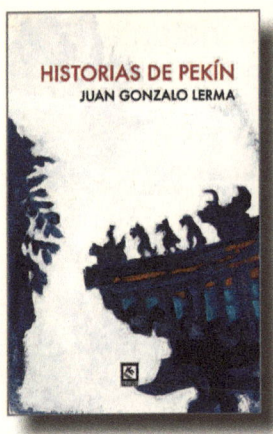

Historias
de Pekín
Texto e ilustraciones
Juan Gonzalo Lerma

Pekín son muchas historias, y cada historia
tiene sus protagonistas; emperadores, princesas, traidores, generales, sabios y campesinos
construyeron esta ciudad inmortal que es mucho más que sus inmensos palacios y jardines.
Historias de Pekín, a través de los personajes
que la engrandecieron o arrasaron, nos permite
conocer esta ciudad que se alza en busca del
cielo. Entre la historia y la leyenda, oculta por
las inmensas avenidas, por los rascacielos y el
bullicio multitudinario, en los resquicios de la
gran urbe moderna, queda este Pekín eterno.

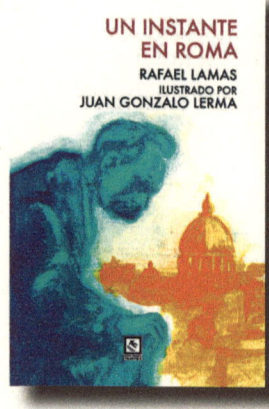

Un instante en Roma

Rafael Lamas
Ilustrado por
Juan Gonzalo Lerma

Roma reúne todos los tiempos y todos los espacios. Es el origen, el centro del arte y de parte de la historia. Este libro nos lo muestra. Friedrich Nietzsche se enamoró en Roma de la joven Lou Andrea Salomé, una de las mujeres más bellas e inteligentes de su época. Un año más tarde, en pos de su recuerdo, el filósofo pasea por la Ciudad Eterna tratando de responder algunas preguntas.

Músicas de Nueva York

Rafael Lamas
Ilustrado por
César Pigino

Músicas de Nueva York nos ofrece un recorrido por la ciudad de los rascacielos y los lugares emblemáticos de su universo musical: los grandes teatros, las salas de concierto, pero también los estudios de grabación o los lugares donde vivieron las estrellas. Templos como el Belasco o el Cotton Club, cantantes como Billie Holiday, intérpretes como Astor Piazzola, pianistas como Sergei Rachmaninoff o Bill Evans componen y dan forma a *Músicas de Nueva York*.

Málaga.
Cuaderno de viaje

Mónica López
Ilustrado por
Rafael Comino Casas

Fenicios, romanos, árabes, cristianos, todos los pueblos que han pasado por Malaka han dejado su huella en la llamada Ciudad del paraíso. Tomando como punto de partida la literatura, Mónica López Soler pasea por las numerosas ciudades que conforman Málaga, se asoma a sus rincones e indaga en su personalidad, recuperando sus leyendas y exponiendo sus conflictos. Un paseo cuyo fin es el recorrido en sí mismo y que nos ayudará a encontrar nuestra propia Ciudad del paraíso.